MAINZER STADTSPAZIERGÄNGE

Vom Kästrich zum Rhein

VRM
Wir bewegen.

Die Mainzer Stadtspaziergänge von Michael Bermeitinger erschienen zuerst unter dem Titel ‚Stadtspaziergänge' in der Allgemeinen Zeitung Mainz.

Städt. Krankenhaus.
Turnplatz M.T.V. 1817
Pariser Strasse
An der Philippsschanze
Fichtepl.
Römerwall
Wanderer-heim
Sportplatz
Kaserne
Am Pulverturm
Tunnel
Castrich
Locomotiv Remise
Alte Strasse
Mathilden Terrasse
Terrassen Strasse
Münster Str.
Walpoden Strasse
Citadelle
Benediktin. Kaserne
Kaserne
Windmühlen Str.
Station Mainz Süd
Alban Str.
Holzhof Str.
Neuthor Strasse
Schiller Strasse
Grosse Bleiche
Grosse Lang gasse
Fust Strasse
Schöffer Strasse
Schuster
Markt
Dom
Kapuziner Str.
Neues Garnison Lazareth
Rhein Strasse
Bastion Franziskus
Lauteren Strasse
Dagobert Str.
Templer Strasse
Stadthalle
Platz
Löhr Strasse
Nach Kostheim und Ginsheim.
Nach Biebrich.
Strom

MAINZER STADTSPAZIERGÄNGE

Michael Bermeitinger

Vom Kästrich zum Rhein

BAND 1

LEINPFAD VERLAG

2. Auflage Januar 2020

Umschlag: Ursula S. Kosa, Ingelheim
Layout: Ursula S. Kosa, Ingelheim
Fotos:
Archiv AZ: 10, 14 (3), 37 (3) Foto: Klaus Benz, 40 (Foto: Klaus Benz), 113 (Foto: Frohnhäuser), 127 (u.) – Sammlung Michael Bermeitinger: Seiten 2, 6 u., 7 (2), 8 (2), 9 (2), 11 (5), 12, 13 (2), 14 u., 15 u., 16 (r.)., 17 (4), 18, 19 (4), 21, 22, 23 (l.), 24, 26 (Foto: Hans Armster), 27 (3), 28, 29 (3), 30 (2), 31 (2), 33(2), 34 (2), 35 (3), 36, 38, 39, 40 (2 u.), 41, 42, 43, 44, 45 (2), 46, 47 (3), 48 (u.), 49, 51, 53 (3), 54 (3), 55 (2), 56, 57 (3), 58, 59 (o.), 60 (o, Foto: Hans Armster, u.), 64, 63 (2), 64, 65, 66 (2), 67, 68 (2), 69 (2), 70 (2), 71 (o., Foto: Hans Armster, u.2), 72, 73 (3), 74, 75 (3), 77 (2), 78 (o., u. Michel), 79 (3), 80, 81 (4), 82, 83 (2), 84 (2), 85 (2), 85 (u. Foto: J. Hinkel), 84, 85 (2), 86 (2), 87 (2), 88 (2), 89, 90 (o. Foto: Fritz Otto, u.), 91 (2), 92 (2), 93 (o. 3, u. Foto: Hans Hartz), 96 (o), 97 o., 98 (3), 99 (2), 101 (2), 102 (3), 103 (4), 104, 105 (2), 106 (o.u.l. 2, u. Foto: Velten), 107, 108 (3), 109 (2), 110, 111 (3), 112, 113 (u.), 114, 115 (2), 116 (Foto: Hans Armster), 117 (2), 118 (o. Foto: Metz, u.), 121 (3), 122, 123, 125 (2), 126 (2), 127 (o.), 128, 129 (2), 132, 133 (3), 134 (2), 135, 136, 137 (2), 138 (2, Foto: Familie Wanner), 139 (2), 140, 142 (Foto: Hans Armster), 141, 142 – Wilhelm Ehrhard: 130 (2), 131 (2) – Familie Fraenkel (New York): 15 (3) – GDKE: 20, 109 (Landesmuseum Mainz), 140 (o.) – Sascha Kopp: 16, 143 – Sammlung Heinz Leiwig: 97 u. – Dieter Münzenberger: 112 – Stadtarchiv Mainz: 23 (r.), 25, 48 (o.), 52, 59 (u.), 119 (Aquarell: Carl Bronner), 120 – Sammlung Margarete Wallraf-von-Rüden: 96 (u.) – Tanzschule Willius-Senzer: 121 (u.)
Druck: wolf print, Ingelheim

Leinpfad Verlag, Leinpfad 5, 55218 Ingelheim,
Tel. 06132/8369, Fax: 896951
E-Mail: info@leinpfadverlag.de
www.leinpfadverlag.com

ISBN 978-3-945782-62-0

Inhalt

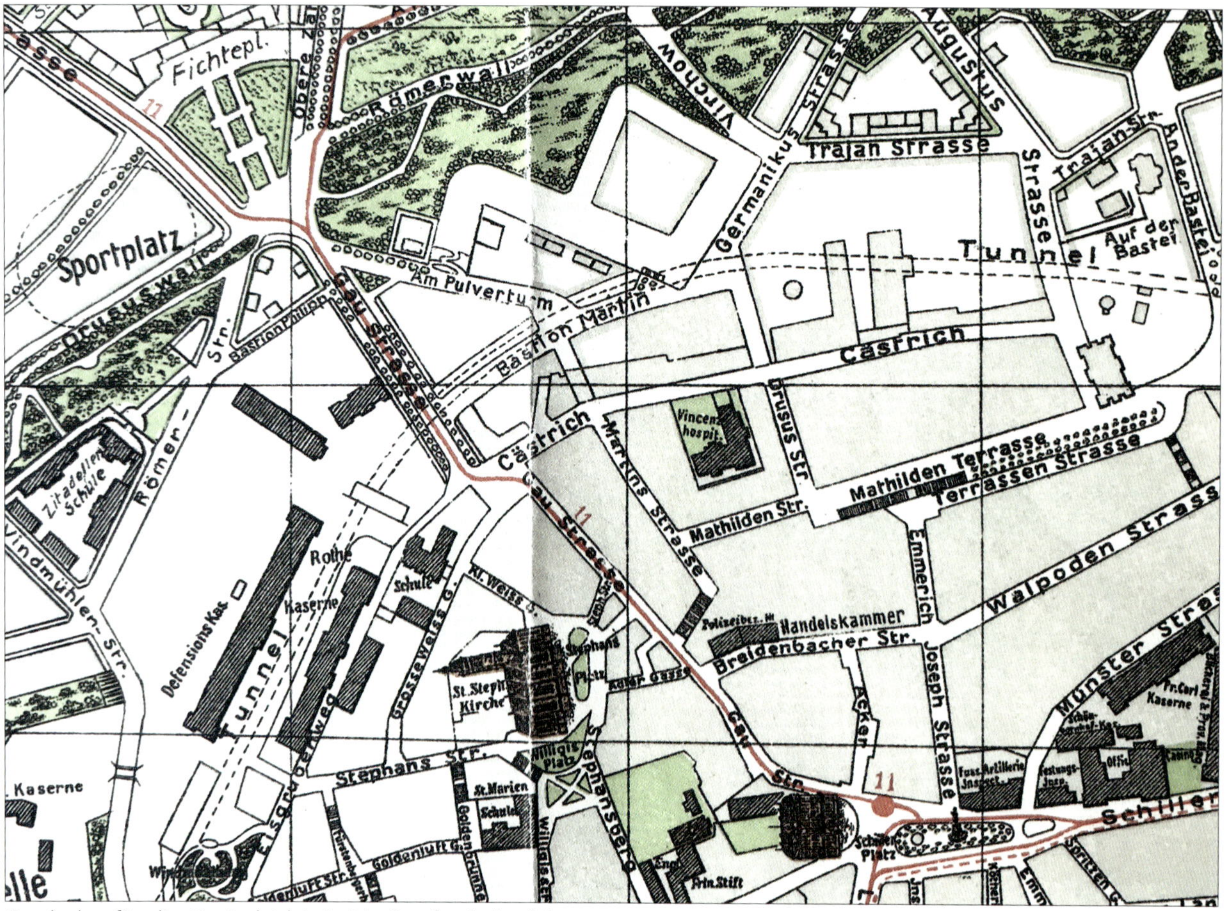

Stadtplan für die Kapitel 1 bis 5. Die Straßenbahn fährt nur von 1924-27 vom Fichteplatz zum Krankenhaus.

1 Schöne, traurige Aussicht

Spaziergang zur Kupferbergterrasse: Bogenhalle, Bellevue und eine marode Treppe

Die Kupferbergterrasse, besser gesagt: die Bogenhalle darüber, ist mit der schönste Mainzer Aussichtspunkt, wenn man nicht gerade das Vergnügen hat, von einem der vielen Türme auf die Stadt zu schauen – von St. Stephan, gar vom Dom oder von einem der äußerlich eher garstigen Türme der jüngeren Zeit. Bis in die 80er-Jahre steht hier das Direktionsgebäude beziehungsweise die Mälzerei der Mainzer Aktien-Bierbrauerei. Der Blick geht über die gestutzten Platanen und die Dächer der Emmerich-Josef-Straße hinweg von Turm zu Turm. Hinüber in den Rheingau und bis zum Taunus. Doch es gibt Tage in der jüngeren Mainzer Geschichte, da fällt der Blick von hier auf die sterbende Stadt, direkt in die Hölle.

1859 wird hier oben, wo vor 2000 Jahren die Römer ihr riesiges Legionslager hatten, die

9.9.44: Bombardierung Kastels, Blick von der Kupferbergterrasse.

Bierdeckel der Aktienbier-Brauerei, die auch nach England exportiert.

Mainzer Aktien-Bierbrauerei erbaut. Das Unternehmen wächst rasch, ist bald eine der größten deutschen Brauereien, und so wird auch der Komplex immer größer. Mit dem Brauhauskeller und dem Biergarten „Zum Rad" liegt hier auch ein äußerst beliebtes Lokal, das nach dem Zweiten Weltkrieg die ersten Fastnachtsveranstaltungen der Nachkriegszeit sieht. Man bringt einen Holzscheit zum Heizen mit, manchmal regnet es rein, aber wer dabei war, vergisst diese Abende 1947/48 nie mehr.

Die Frankfurter Binding ist seit den Sechzigern beteiligt, erwirbt bald die Mehrheit und legt Anfang der 80er die Mainzer Brauerei still. Und schon bald wird das schöne Hauptgebäude mit seiner Natursteinfassade dem Abriss preisgegeben. Gegen den Protest vieler Mainzer und Mainzerinnen, aber mal wieder mit dem Segen der Denkmalbehörde, die schon einst den Abriss von Bischöflichem Palais oder Altem Gymnasium nicht verhindert hat.

So entsteht Ende der 80er auf dem Kästrich eine Wohnanlage, die wohl Einzige in Mainz, auf deren Rasenfläche massive Schilder künden „Privatgelände der Eigentümergemeinschaft". Ob man Angst hat, jemand könnte da zelten? Oder noch schlimmer: Kinder aus der Nachbarschaft könnten hier spielen? Die letzten „Rasen betreten verboten"-Schilder hab ich in meiner Wohnblock-Kindheit in Bonn gesehen. 50 Jahre her.
Darauf angesprochen raunt mir eine Bewohnerin mal zu: „Am liebsten würden wir das Gelände ganz zu machen ..."

Die Altstadt

Stadtteilausgabe der Rhein-Main-Umschau für die Mainzer Altstadt

Nr. 1/1983

Die Actien-Brauerei

Wahrzeichen des Neuen Kästrich vor dem Abriß

"Vom Brauereikomplex zur attraktiven Römerresidenz"! Solche euphorischen Sirenenklänge der Mainzer Allgemeinen Zeitung (vom 22./23.1.83 u. a.), im Auftrag politischer und wirtschaftlicher Mächte auf dem Bausektor der Innenstadt sind eher Alarmsirenen, Ablenkmanöver vom fortschreitenden Verlust an historis-^-r Bausubstanz. Kein Wort zur Geschichte oder Architektur einer der einst größten Brauereien Deutschlands. Keine Idee für Nutzungs- oder Umnutzungsmöglichkeiten?! Nur ein wenig Romantik für Keller und ihre Verwendbarkeit als Luftschutzanlage: arme Bunkergeneration! Stadtgeschichtlich oder wissenschaftlich noch gänzlich unbearbeitet, ist die betroffene historische Bausubstanz, besser "das Grundstück", wie so oft bereits verplant...vogelfrei...Spekulationsmasse.

Der Denkmalpflege bleibt in solchen Oberraschungssituationen bei Objekten dieser Dimension infolge Zeit- und Personalmangels, zumal (raffiniert) während des Wechsels ihres Amtsleiters, offenbar nur mehr Resigna-

westlichen alten Stadtmauern trapezförmig verengt zum Schillerplatz hinunter erstreckte. Von hier wurde die Emmerich-Josef-Straße gradlinig als "Mittelachse" hangwärts in schrägem Winkel auf die 12 m hohe Stützmauer der Mathildenterrasse (später "Kupferbergterrasse") zu geführt. Als "point de vue" der Straße wurde sie zu einer symmetrischen, monumentalen "Tor-Treppen-Anlage" ausgebildet. Dahinter liegen die Kelleranlagen der Brauerei und Sektkellerei. Der Torbogen hat die halbe Höhe der Mauer und setzt sich reichprofiliert und gestuft im Farbwechsel seiner Steine von deren Buntsandsteinquadern ab. Die Torinschrift enthält das Gründungsjahr der Brauerei, 1859. Die Treppen erreichen mit beiden Flügeln über drei Podeststufen eine Spannweite von 85 Metern.

Die Straße knickt hier stumpfwinklig nach rechts ab, überwindet rampenartig den Höhenunterschied und erschließt mit einer Reihe kleinerer Rundbogenzugänge die verschiedenen Kellerebenen. Das Terrassenplateau mit ca. 25o m Länge und 25 m Tiefe dient baum-

Von dem Mälzereigebäude - der Schaufassade zur Stadtseite - soll nur der Sockel auf der Terrasse erhalten bleiben.

... Upfermann (1799 - 1866) gewonnen worden. Er

Die Zeitung „Die Altstadt" machte gegen die zunehmende Sanierung und Zerstörung des Kästrich mobil.

Die Villa Belvedere auf dem Kästrich wurde erbaut von Conrad Kraus.

Auffällig ist die Bogenhalle (auch hier „Privatgelände") der Wohnanlage – einst beim Neubau eine Auflage des Denkmalschutzes. Deren Bögen zitieren jenen Blick, den man einst aus der Stadt auf das Brauereigebäude hat. In der Bogenhalle kündet eine Plakette vom Mainzer Komponisten Peter Cornelius, der 1874 am Fenster der Aktienbier-Direktion stehend stirbt.

Von den Bögen aus sieht man rechts, zumindest wenn die Bäume kein Laub tragen, eine rote Schönheit – das Belvedere. 1866 erbaut vom jungen Architekten und Bauunternehmer Conrad Kraus, der aber schon im gleichen Jahr an einem Geschäft mit dem Großherzog scheitert. Er baut dessen Neues Palais in Darmstadt, doch der Festpreis von 120.000 Gulden reicht nicht – Kraus geht pleite. Kraus wird Heimatschriftsteller, ein erfolgreicher gar, stirbt aber morphinsüchtig 1886 mit 52 Jahren.

Der Name „Belvedere", „Schöne Aussicht", ist nicht übertrieben, bietet das Haus an der Hangkante einen unvergleichlichen Ausblick. Doch lässt sich der Bau im Stil der italienischen Renaissance, angereichert mit Motiven aus Barock und Klassizismus, nicht mehr aus der Nähe bewundern. Hier hat der Landesverband Energie- und Wasserwirtschaft Hessen/Rheinland-Pfalz e.V. seinen Sitz und der Vorplatz ist mit einem Gitter abgeriegelt.

Es sind oft gemeinnützige Verbände und Vereine, die in so schönen Gebäuden angesiedelt sind. Die Wasserwirtschaftler sind in Mainz nicht die Einzigen. Manchmal staune ich darüber. Aber ich gönne allen Mitarbeitern einen schönen Arbeitsplatz.

Unter der Bogenhalle steht auf der Kupferbergterrasse das Reiterstandbild des Heiligen Martin, das nach seiner Zeit auf dem Westchor des Doms (wo heute eine Kopie steht) erst zum Fort Stahlberg kommt, dann vor ein paar Jahren restauriert und nach hier umgesetzt wird.

Sieben Stockwerke tief reichen die Kupferberg-Keller.

Ein Platz abendlicher Zweisamkeit, ein Ort zum Flanieren – schon 1845, als die Terrasse angelegt wird. In jenem Jahr beginnt auch die Bebauung des darunterliegenden Weinbergs.
Noch neun Jahre vor der Brauerei wird die Sektkellerei Kupferberg gegründet, deren Namen die einstige Mathildenterrasse seit

Kupferberg-Werbung war berühmt. Bestes Beispiel war 1912 eine animierte Leuchtreklame an der Berliner Friedrichstraße. 60 Quadratmeter mit 1.600 Glühbirnen.

1934 trägt. 1856 entsteht oberhalb des damals noch existierenden Weinbergs der Verwaltungsbau, in dem es heute noch original erhaltene Räume und Säle gibt. So wie das Bismarckzimmer, das man für kleine Empfänge oder eine intime Tafelrunde mieten kann. Das Zimmer trägt diesen Namen, weil der Fürst hier 1870, in den Wochen vor dem Feldzug gegen Frankreich, nächtigte. Er äußerte sich lobend, fühlte sich hier aber weit vom Schuss, weil der preußische König im Deutschhaus am Rhein residierten. Generalstabschef von Moltke und Kriegsminister von Roon lebten in den Hotels an der Rheinstraße und sind ihm viel näher.

Die Sektkellerei verfügt über die tiefsten Sektkeller der Welt mit insgesamt sieben Stockwerken, aber nach diversen Eigentumswechseln ist die perlend-prickelnde Zeit am Kästrich lange vorbei.

Die Kupferbergterrasse ist der einzig übrig gebliebene natürliche Aussichtspunkt oberhalb der Innenstadt. Und von dort sehen am

Nachmittag und Abend des 27. Februar 1945 viele Mainzer und Mainzerinnen, die sich aus dem Glutofen hinaufgerettet haben, den Untergang ihrer Stadt. So wie sie im September 1944 von hier aus die Vernichtung von Kastel durch die US-Airforce gesehen haben, den riesigen Rauchpilz über dem Stadtteil jenseits des Rheins. Es gibt sogar Fotos von diesem uneendlich traurigen Anblick, doch als fünf Monate später die Mainzer Innenstadt vernichtet wird, hält keiner den Fotoapparat auf dieses grausige Szenario. Wie auch? Die allermeisten, die hier oben stehen haben nicht viel mehr als ihr eigenes Leben gerettet. Und selbst wenn jemand eine Kamera dabei gehabt hätte, wäre er sicher kaum in der Lage gewesen, das Flammenmeer über der geliebten Stadt abzulichten.

Am Abend des 27. Februar 1945 fährt die Wehrmacht einige sogenannte Gulaschkano-

Der schwere Angriff auf Mainz 1942 von der Kupferberg-Terrasse aus gesehen.

nen auf, mobile Kocheinrichtungen für große Mengen, um die erschöpften, ausgehungerten Menschen zu versorgen.

Wenn es heute hier einmal im Jahr knallt und dichter Rauch überm unteren Kästrich liegt, dann ist der Grund aber ein friedlicher. Denn in der Silvesternacht ist hier einer der Mainzer Hotspots. Der Blick aus der Bogenhalle ist in jener Stunde um Mitternacht unvergleichlich. Wenn auch das Spektakel nicht unbedingt zur Freude aller Bewohner dort stattfindet.

Die zweiarmige Treppenanlage von der Kupferbergterrasse in die Stadt ist teilamputiert, denn so wie an der Futtermauer zur Terrassenstraße bröselt es auch hier. Schon über vier Jahre. Erst weiß keiner, wem die Mauer überhaupt gehört – wie sich herausstellt, der Stadt selbst –, dann dauert es lange, bis in der Verwaltung die Zuständigkeit klar ist, und seither ist alles unverändert. Entlang der Terrassenstraße stehen hässliche Bauzäune – schlecht für die Optik, schlecht auch für die Anwohner und Anwohnerinnen des unteren Kästrich, hat sich doch die Zahl der Parkplätze mindestens halbiert.

Der rechte Treppenarm ist durch wacklige Bauzäune abgeriegelt, und auf den Stufen sammelt sich Müll ... und auch die Radrampe des anderen Arms ist mittlerweile gesperrt. Hinunter gehts über die Stufen in die Emmerich-Josef-Straße, ins alte Wein- und Sektviertel – aber das ist der Weg fürs nächste Mal.

Die Treppenanlage zur Emmerich-Josef-Straße.

Das Kupferberg-Gebäude – hier wohnte Bismarck vor dem 1870er-Feldzug.

Berühmt war der Brauhauskeller „Zum Rad“ mit großem Gartenrestaurant. Nach dem Krieg fanden hier die ersten Fastnachtsveranstaltungen statt.

Die Treppenanlage zur Emmerich-Josef-Straße. Zwischen den Treppenläufen das Kellertor der Braurei.

2 Eine tragische SCHÖNHEIT

In der Emmerich-Josef-Straße liegen Glanz und Elend dicht beieinander

Wer von der Kupferbergterrasse die rechte Treppe heruntergeht, schaut in die Gärten einer feinen Wohnanlage. Sie umfasst das Areal zwischen Treppe, Emmerich-Josef- und Breidenbacher Straße – früher „die Etex". Der Textilgrossist ist damals eine echte Hausnummer. Nicht wegen des großen Chics, sondern wegen der Großhandelspreise – wenn man einen Etex-Ausweis hat. So wie die Eltern eines Freundes, der mich in den Siebzigern mal mitnimmt. So kann ich mir auch mal eine Levi's leisten.

Die Etex breitet sich in den 70er- bis 80er-Jahren wie eine Krake über das Viertel aus. Der Eigentümer kauft zur Erweiterung seiner Geschäftsräume Haus um Haus, von den Anwohnern und Anwohnerinnen mit großem Argwohn und Verzweiflung beobachtet. Es heißt, dass die Entmietung mit harten Bandagen durchgezogen wird, bis die Mieter freiwillig gehen. Und auch die schönen Gärten am Hang hinter den Häusern werden weggebaggert. Doch aller Protest ist vergebens, denn das Wohlwollen der Stadt, allen voran OB Jockel Fuchs, ist dem Unternehmen, das Arbeitsplätze schafft und auch kräftig Steuern zahlt, sicher.

2000 erwirbt die Wohnbau das Areal, entkernt es und rekonstruiert die Fassaden der 1840er- bis 1860er-Jahre. Für zehn Millionen Euro entsteht bis 2004 die Anlage mit ovalem Hof und 77 Wohnungen.

Die Starrköpfigkeit des Herrn Elsheimer hat sich für ihn gelohnt: Das ehemals gut erhaltene Wohnhaus Emmerich-Josef-Straße 2 A kann jetzt bis unters Dach gewerblich genutzt werden. Im Erdgeschoß wird ein Anbau die Nutzfläche bis weit in den Hang hinein treiben. Rechts die Stützmauern der weggebaggerten Hochgärten.

Spekulationserfolg

Stadtrat erteilt ETEX Baugenehmigung

An Emmerich-Josef- und Breidenbacher Straße breitet sich ab den 60ern das Unternehmen Etex aus. Gegen die Entmietung gibt es Proteste.

Früher waren die Bögen der Mälzerei der Point de Vue von der Stadt aus, weshalb der Neubau als Auflage ebenfalls Bögen beinhalten musste.

Aber der Name! „Wohnpark am Kupferberg". Welch Unfug, welch Verhunzung dieses alten Viertels, das schlicht Kästrich heißt. Es gibt keinen „Kupferberg", an dem der „Wohnpark" liegen könnte – dies ist, wie jeder weiß, der Familienname der alten Sektdynastie. Aber die Sprachpanscher sind allerorten am Werk. Aus Vierteln machen sie Quartiere, aus der Bahnhofstraße einen Boulevard – damit sich Eliten in unserem alten Mainz nicht mehr so provinziell fühlen. Im Zollhafen-„Quartier" gibts einen Komplex namens Dock 1, obwohl es da nie ein Dock gegeben hat.

Ganz oben in der Emmerich-Josef-Straße der zweite Blickfang neben der Bogenhalle: Das Kellerportal der Mainzer Aktien Bier, heuteder Zugang zu den Aufzügen für Parkhaus und Wohnanlage. Jahrzehnte sind die Aufzüge eine Erleichterung auf dem Weg in die Oberstadt - zumal für Ältere, Behinderte, Touristen –, doch 2015 machen die Eigentümer der Anlage den Zugang für Nichtbewohner dicht. Einfach so.

Im Krieg rettet der Aktienbierkeller das Leben unzähliger Mainzer und Mainzerinnen, die bei Bombenalarm in Todesangst die Straße hinaufrennen. Aber nicht das Tor ist der rettende Eingang, sondern eine Öffnung rechts unter der Treppe, denn da können die tödlichen Druckwellen der Bomben nicht ins Innere gelangen.

Über ein anderes trauriges Kapitel stolpert man im wahrsten Sinne des Wortes auf der linken Seite der Emmerich-Josef-Straße. Da steht das Haus mit der Nummer 3, das 1845 von Dombaurat Joseph Roedler gebaut wird und in dessen altem Weinkeller man heute feiern kann. Doch bevor man hinabsteigt, liegen vier Stolpersteine im Weg: Sie erinnern an Alice Krieger, geboren 1895, und ihre Kinder Erich (1923), Heinz (1925) und Inge (1927) aus dem ersten Stock.

Die jüdische Familie wird im März 1942 ins Ghetto Piaski deportiert, wo man die Menschen durch Hunger und unbehandelte Krank-

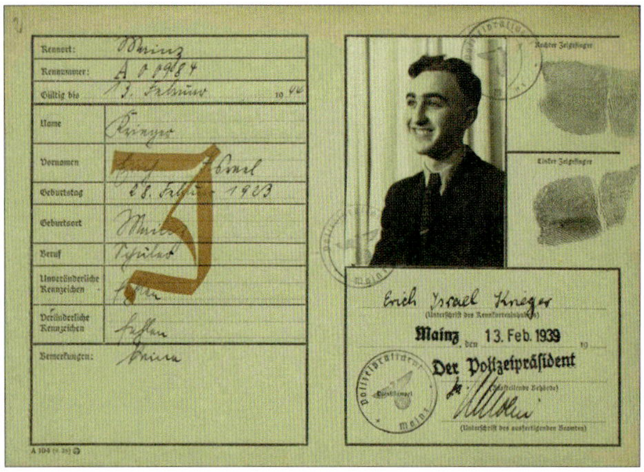
Kennort: Mainz
Kennummer:
Gültig bis 13. Februar 1944
Name Krieger
Vornamen Erich Israel
Geburtstag 28. Februar 1923
Geburtsort Mainz
Beruf Schüler
Unveränderliche Kennzeichen fehlen
Veränderliche Kennzeichen fehlen
Bemerkungen: keine
Rechter Zeigefinger
Linker Zeigefinger
Erich Israel Krieger
(Unterschrift des Kennkarteninhabers)
Mainz, den 13. Feb. 1939
Der Polizeipräsident
(Ausstellende Behörde)
(Unterschrift des ausfertigenden Beamten)

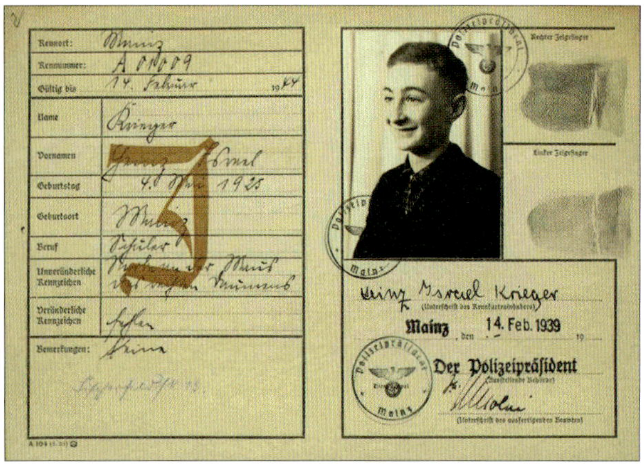
Kennort: Mainz
Kennummer:
Gültig bis 14. Februar 1944
Name Krieger
Vornamen Heinz Israel
Geburtstag 4. Juni 1925
Geburtsort Mainz
Beruf Schüler
Unveränderliche Kennzeichen
Veränderliche Kennzeichen fehlen
Bemerkungen: keine
Rechter Zeigefinger
Linker Zeigefinger
Heinz Israel Krieger
(Unterschrift des Kennkarteninhabers)
Mainz, den 14. Feb. 1939
Der Polizeipräsident
(Ausstellende Behörde)
(Unterschrift des ausfertigenden Beamten)

heiten zugrunde gehen lässt, sie aus nichtigem Grund totschlägt oder erschießt. Erich sieht seine Mutter und Geschwister grausam sterben und überlebt als einziger der Familie Piaski. Er wird im Juni 1942 in Majdanek vergast.

Die Nummer 5 wird ebenfalls von Roedler erbaut, erhält aber später eine Neurenaissance-Fassade und hat wie die 3 eine schön restaurierte Toreinfahrt. In den Ziergittern der Torfüllungen steht noch das „K" der alten Karolus Sektkellerei.

Auch an der Nr. 5 kommt man ins Stolpern, dort sind die Messingsteine den Eheleuten Else und Salomon Wilhelm Fraenkel gewidmet sowie dessen Bruder Ernst, die alle von den Nazis ermordet werden. Und dann drei Steine für Markus, Albert und Rudolf (Rudy), die Kinder. Die Eltern schicken sie 1938 in letzter Minute ins Exil, Frankreich, USA - Rudolf ist da gerade sieben Jahre alt. Ich verharre manchmal vor den

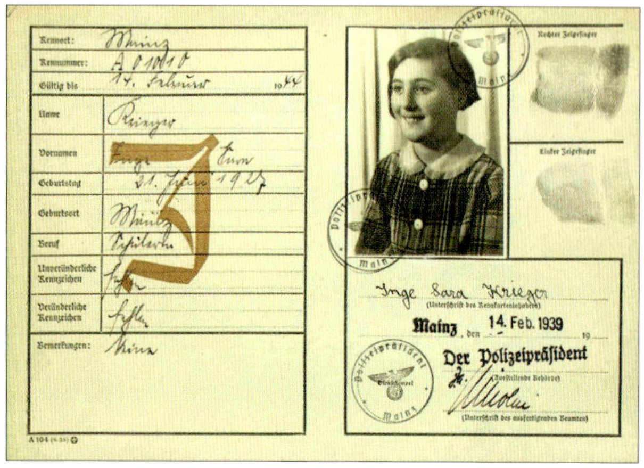
Kennort: Mainz
Kennummer:
Gültig bis 14. Februar 1944
Name Krieger
Vornamen Inge Sara
Geburtstag 21. Juni 1927
Geburtsort Mainz
Beruf Schülerin
Unveränderliche Kennzeichen fehlen
Veränderliche Kennzeichen fehlen
Bemerkungen: keine
Rechter Zeigefinger
Linker Zeigefinger
Inge Sara Krieger
(Unterschrift des Kennkarteninhabers)
Mainz, den 14. Feb. 1939
Der Polizeipräsident
(Ausstellende Behörde)
(Unterschrift des ausfertigenden Beamten)

Die Kennkarten der drei Kinder der Familie Krieger mit dem „J" für Jude. Erich, Heinz und Inge werden mit ihrer Mutter Alice 1942 ermordet. Mainzer wie wir.

Steinen und versuche mir den Abschied vorzustellen – Angst, Tränen, Hoffnungslosigkeit. Und ich denke daran, dass AfD-Chef Gauland die NS-Verbrechen „Vogelschiss" nennt.

Zur Verlegung der Steine kommt Rudy 86-jährig aus Texas und sagt: „Ich bin Mainzer und es tut gut, hier zu sein."

Auf einem alten Foto sitzt sein Bruder Markus im Hinterhof auf einem Fass. Damals nichts Besonderes, denn der untere Kästrich, einst Weinberg, ist lange Wein- und Sektviertel. Heymann an der Ecke Emmerich-Josef/Breidenbacher Straße ist einst ein bekanntes Weinhandelshaus. Sehr schön der säulengeschmückte Erker, der halbrund die Hausecke umfasst.
Auch beim Haus gegenüber, Walpodenstraße 1, mit seinem hohen giebelbekrönten Erker lohnt das Hingucken. So künden kunstvolle Spruch-

Heymann Söhne geraten als jüdisches Unternehmen nach 1933 unter den Druck der Nazis.

Markus Fraenkel (l.) im Hinterhof der Emmerich-Josef-Straße. Er und seine Brüder Albert und Rudolf werden von ihren Eltern 1938 allein ins Exil geschickt – der Jüngste ist gerade sieben. Sie sehen die Eltern nie wieder.

bänder im Rahmenwerk eines Fensters von einer weiteren Katastrophe dieser an Schönheit wie Tragik reichen Straße: „Als achtzehnhundert fünfzig sieben / Das alte Kästrich ward vernichtet / Und wenig Häuser stehen blieben / Ward dieses Haus neu aufgerichtet." Dies erinnert an die Explosion des Pulverturms am

Eines der Lehrlingshäuser, die der Erweiterung des Innenministeriums weichen müssen.

Gautor. Sie legt 1857 das Viertel in Trümmer, tötet Hunderte, beschädigt unzählige Häuser und schleudert Brocken bis zum Rhein.
120 Jahre später droht die zweite Zerstörung des Kästrichs, zumindest sehen das viele Bewohner und Bewohnerinnen so, die gerade vom linken Teil der SPD große Unterstützung erhalten – gegen deren eigenen Oberbürgermeister. Kritisiert wird nicht nur der Abbruch des herrlichen Gebäudes der Aktienbier, sondern auch die Ausbreitung der Etex zulasten des Wohnraums und der Abriss der Lehrlingshäuser an der Ecke Emmerich-Josef-/Breidenbacherstraße. Die Gebäude von 1893 weichen der Erweiterung des Innenministeriums. Nur ein Eingangsportal ist erhalten geblieben.

An dieser Ecke erlangt die Emmerich-Josef-Straße 2015 überregionale, teils sogar bundesweite Bekanntheit, als aus einem Tanklaster Kohlendioxid austritt. Er ist mit rund 21 Tonnen tiefkalt verflüssigtem Kohlendioxid gefüllt und ist gerade dabei, das Gas an die Goldhand Sektkellerei in der Walpodenstraße zu liefern, als das CO2 austritt. Eine weiße Wolke legt sich kniehoch auch über die Emmerich-Josef-Straße – ein spektakuläres Bild.

An dieser Ecke in die Walpodenstraße abzubie-

2015 tritt aus einem Tanklaster vor einer Sektkellerei in der Walpodenstraße verflüssigtes Kohlendioxid aus, das auch auf der Emmerich-Josef-Straße wie ein wolkiger Teppich liegt.

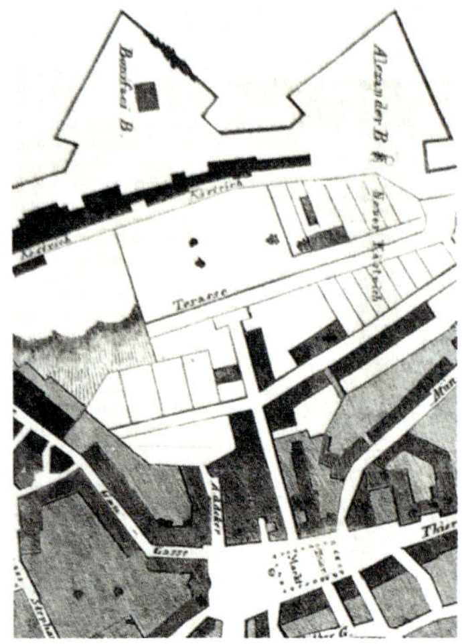

Kästrich-Stadtplan von 1857 nach Pulverturm-Explosion: Schwarz sind die zerstörten Häuser, grau die beschädigten.

gen würde unbedingt lohnen: Dort wird etwa 1857 die Champagnerfabrik Henkell gegründet, die dann 1909 nach Wiesbaden-Biebrich zieht. Und schräg gegenüber hat die jüdische Sektkellerei Schönberger ihren Sitz, die zu den Nobelmarken des Reiches zählt und in den besten Hotelbars in Berlin ausgeschenkt wird. In der Walpodenstraße findet das Unterhaus gleich zwei Mal Unterschlupf in alten Kellern – doch all das wird bei einem späteren Stadtspaziergang Thema sein.

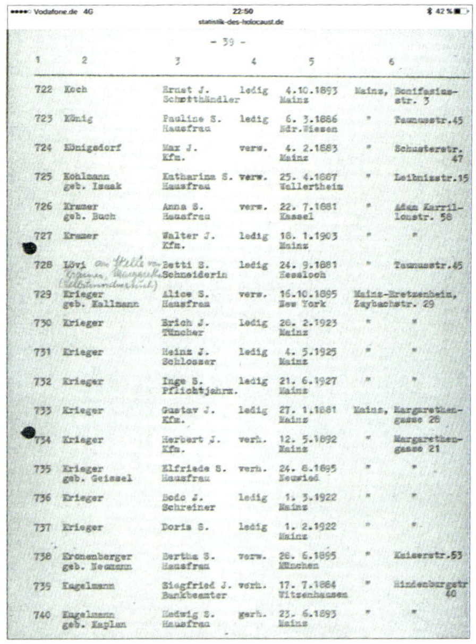
Vodafone.de 4G 22:50
statistik-des-holocaust.de

- 39 -

1	2	3	4	5	6
722	Koch	Ernst J. Schrotthändler	ledig	4.10.1893 Mainz	Mainz, Bonifaziusstr. 3
723	König	Pauline S. Hausfrau	ledig	6. 3.1886 Ndr.Wiesen	" Taunusstr.45
724	Königsdorf	Max J. Kfm.	verw.	4. 2.1883 Mainz	" Schusterstr. 47
725	Kohlmann geb. Isaak	Katharina S. Hausfrau	verw.	25. 4.1887 Wallertheim	" Leibnizstr.15
726	Kramer geb. Buch	Anna S. Hausfrau	verw.	22. 7.1881 Kassel	" Adam Karrillonstr. 58
727	Kramer	Walter J. Kfm.	ledig	18. 1.1903 Mainz	" "
728	Lövi [illegible]	Betti S. Schneiderin	ledig	24. 9.1881 Hessloch	" Taunusstr.45
729	Krieger geb. Kallmann	Alice S. Hausfrau	verw.	16.10.1895 New York	Mainz-Bretzenheim, Zaybachstr. 29
730	Krieger	Erich J. Tüncher	ledig	26. 2.1923 Mainz	" "
731	Krieger	Heinz J. Schlosser	ledig	4. 5.1925 Mainz	" "
732	Krieger	Inge S. Pflichtjahrm.	ledig	21. 6.1927 Mainz	" "
733	Krieger	Gustav J. Kfm.	ledig	27. 1.1881 Mainz	Mainz, Margarethengasse 26
734	Krieger	Herbert J. Kfm.	verh.	12. 5.1892 Mainz	" Margarethengasse 21
735	Krieger geb. Geissel	Elfriede S. Hausfrau	verh.	24. 8.1895 Neuwied	" "
736	Krieger	Bodo J. Schreiner	ledig	1. 3.1922 Mainz	" "
737	Krieger	Doris S.	ledig	1. 2.1922 Mainz	" "
738	Kronenberger geb. Neumann	Bertha S. Hausfrau	verw.	28. 6.1895 München	" Kaiserstr.53
739	Kugelmann	Siegfried J. Bankbeamter	verh.	17. 7.1884 Witzenhausen	" Hindenburgstr 40
740	Kugelmann geb. Kaplan	Hedwig S. Hausfrau	verh.	23. 6.1893 Mainz	" "

Die jüdische Sektfirma Schönberger wird 1938 enteignet, während die Namen der Familie Krieger aus der Emmerich-Josef-Straße (hier mit der Adresse Judenhaus) vier Jahre später auf der Deportationsliste nach Polen stehen. Sie werden dort ermordet. Vor dem Haus Nr. 3 liegen Stolpersteine für sie.

Was der Bewohner dieser Wohnung in der Emmerich-Josef-Straße zur Juden-Verfolgung gesagt hat? An der Wand hängt das damals als Druck sehr weit verbreitete Hitler-Porträt des Malers Willy Exner von 1936.

Schon vor 1910 setzt die Feuerwehr, die in der Breidenbacherstraße eine Wache hat, E-Fahrzeuge ein.

3 An der ANATOMICA-BAR

Breidenbacher Straße: Altes Kopfsteinpflaster, Ackerbürger und die alte Wache

Es gibt Geräusche, die mich unweigerlich an früher erinnern. Etwa Autos, die übers Kopfsteinpflaster trommeln. Ein aus der Zeit gefallener Klang, denn die rund und glatt gefahrenen Basaltsteine sind selten geworden. Die Neuordnung des Straßenrasters in den Fünfzigern und die Fußgängerzonen haben ihnen größtenteils in der Stadt den Garaus gemacht. In der Kapuzinerstraße nagelt man noch übers alte Pflaster, in der Lauterenstraße, am Fischtorplatz – und in der Breidenbacher Straße.

Trotz des Trommelns der Reifen eine angenehm ruhige Straße, denn hier fahren Nichtanwohner eigentlich selten durch. Da die Gaustraße von oben für den Autoverkehr gekappt ist und der Schillerplatz ebenso, gibt es kaum einen sinnvollen Verkehr durch die Breidenbacher. Durch den Neuaufbau nach der Zeit des Textilhandels Etex, hat die Hangseite einige neue Gebäude erhalten, die sich aber mühen, die alte Straße nicht zu modern aussehen zu lassen.

Am Eckhaus Emmerich-Josef-/Breidenbacher Straße 25, das in der Etex-Zeit bis auf den halbrunden Eckerker glattgebügelt und verstümmelt wird, sind heute die äußeren Narben der 60er und 70er verschwunden. Es erstrahlt wie 1862, doch wie so oft am Kästrich liegen Glanz und Elend dicht beieinander. Das Haus gehört bis in die 30er der Weinhandlung S. Heymann Söhne, dann macht die Nazi-Justiz mit konstruierten Prozessen Jagd auf die jüdischen Besitzer.

„Riesenschwindel einer jüdischen Weinfirma", tönt der Mainzer Anzeiger 1935 und „Unerhörte Devisenschiebungen der Weinjuden Heymann". Auch „Der Stürmer" hetzt.

Nur wenige Jahre später sieht das Haus noch schlimmere Zeiten. Überall in der Stadt müssen

Der Stürmer

Deutsches Wochenblatt zum Kampfe um die Wahrheit

HERAUSGEBER: JULIUS STREICHER

Nummer 19 | Nürnberg, im Mai 1936 | 14. Jahr 1936

Riesenbetrug

Die jüdischen Weinbetrüger Heymann vor der Mainzer Strafkammer / Ein deutscher Rechtsanwalt als Judengenosse / Der Talmud im Gerichtssaal / Der deutsche Weinhandel wird gesäubert

Der Jude im deutschen Weinhandel

Judenansicht

Das Gesetz ist ein Netz mit Maschen, engen und weiten.
Durch die weiten schlüpfen die Gescheiten
Und in den engen bleiben die „Dummen" hängen

Die Juden sind unser Unglück!

Der antisemitische „Stürmer" hetzt auch gegen die jüdischen Mainzer Weinhändler Heymann aus der Breidenbacher Straße.

Juden ihre Wohnungen räumen und in „Judenhäuser" ziehen. Die Breidenbacher Straße 25 ist eines davon. Mehr als 120 Menschen werden hier zusammengepfercht – bis zu den Deportationen 1942.

Lehrlingshaus von 1893 an der Ecke zum Acker. Heute steht hier das Innenministerium.

Das Luftbild von 1945 zeigt den Kästrich: Links oben Schillerplatz, von dort führt nach rechts unten die Gaustraße. In der Breidenbacher Straße gab es Zerstörungen, aber einiges überstand die Bomben.

Vier Jahre nach der Pulverturm-Explosion 1857 hat die Bebauung der Straße begonnen. Stattliche Wohn- und Handelshäuser entstehen auf dem Weinberg, von dem bald nichts mehr kündet, außer einem kleinen Haus an der Treppe zum „Acker" – dem ältesten Sträßchen zum Kästrich. Das Haus zur Breidenbacher hin, um 1800 erbaut, ist das letzte verbliebene Haus eines Winzers, eines Ackerbürgers. So nennt man Städter, die Landwirtschaft betreiben. Die ländliche Atmosphäre wirkt eigentümlich zwischen Barockpracht am Schillerplatz und Großbürgertum am Kästrich.

1893 werden talseitig zwischen Acker und Emmerich-Josef-Straße die katholischen Lehrlingshäuser eröffnet, die noch in Tradition des Mainzer Bischofs Wilhelm Emmanuel von Ketteler stehen, dem Gründer der Katholischen Arbeiterbewegung. Gebäude also, die durchaus einen ideellen, aber auch baulichen Wert haben und dennoch in den 80ern für die Erweiterung des Innenministeriums abgerissen werden.

Die Anatomica-Bar hat einst ein buntgemischtes Publikum.

Insgesamt ist das Viertel weitestgehend vom Krieg verschont geblieben, denn die Schneisen, die vor allem von den Briten in die Stadt gebombt werden, haben ihre Grenze irgendwo zwischen den Palais am Schillerplatz und der Breidenbacher Straße.
An der Hangseite der Breidenbacher Straße stehen also noch viele Altbauten, aber während heute solche Gebäude geschätzt werden, sind sie nach dem Krieg nicht arg begehrt. In den 50ern sind Neubauwohnungen in Blocks oder Hochhäusern gefragt, später zieht es die Leute in Bungalows und Reihenhäuser am Stadtrand.

So hält sich hier lange ein Stück Rotlicht-Milieu – die „Anatomica Bar" in der Nr. 15. Backstein mit Sandsteinelementen, Neorenaissance mit etwas Klassizismus, doch in der Bar geht es weit weniger feinsinnig zu. Vor einigen Jahren setzen Petra Schulz und Dieter Bracht im Mainz-Krimi „Das falsche Kind" ihr gar ein kleines literarisches Denkmal.

„Die Anatomica Bar war in ihrer Art einzigartig in Mainz ... eine Mischung aus Bordell und Kneipe ... Im Obergeschoss lagen die Stundenzimmer, im Schankraum tanzten die Mädchen, und die Bar war vom späten Nachmittag bis zum frühen Morgen geöffnet", heißt es, wobei die Mischung gar nicht einzigartig ist. Da gibt es einst das Carlton-Steakhaus und die Carlton-Bar (heute Dorett) in der Zanggasse/Ecke Kaiserstraße, in der das Zweierlei an Fleischeslust nur durch einen Vorhang getrennt ist. So kann jeder in ehrenwertester Absicht das Steakhaus betreten und diskret in die Bar wechseln ... So wie in der Breidenbacher Straße.

Ob die Beschreibung der Anatomica stimmt, kann ich aus eigener Anschauung nicht bestätigen, aber die Mainzer Bar-Mischung klingt überzeugend. „... so kamen ... nicht nur Männer, die ein erotisches Abenteuer suchten. Hier trafen sich, wenn alle anderen Lokale geschlossen hatten, viele Nachtschwärmer. ... Taxifahrer, ebenso Stadträte nach langen Sitzungen, Besucher und

Blick aus der Breidenbacher Straße zur Gaustraße: Rechts der Eingang zur Polizei- und Feuerwache des III. Polizeibezirks, daneben die Tore für die Feuerwehrfahrzeuge.

Künstler aus dem Theater und Kabarettisten aus dem Unterhaus. ... Es war nichts Ehrenrühriges, sich als Gast zu bekennen. Schließlich wusste niemand, ob man nur etwas trank oder sich mit einem Mädchen vergnügte."

In direkter Nachbarschaft zur Anatomica-Bar eröffnet in den 60ern das erste Mainzer Frauenhaus, bleibt dort aber nur einige Jahre.

Bis etwa 1880 endet die Breidenbacher im Rücken der Gaustraße als Sackgasse und aus der Zeit des Durchbruchs stammt auch das dreigeschossige Haus Nr. 11 nebst Flachbau - die einstige Polizei- und Feuerwache des III. Polizeibezirks von 1884. Er umfasst das Gebiet in der Umgrenzung Bahnhof-Gärtnergasse-Fuststraße-Bischofsplatz-Weißliliengasse-Eisgrubweg-Gautor-Kästrich-Alicenplatz.
An das flache Spritzenhaus mit den beiden Toren für die Feuerwehrwagen schließt sich ein weiterer Flachbau mit modernem, sehenswertem Aufbau an. Hier brüht im alten Ladenlokal die Kaffeekommune mit Filter. Daneben gibt's „Dicke Lilli, gutes n'Eis" – eine Kooperation des Neustadteis vom Gartenfeldplatz mit dem Café „Dicke Lilli, gutes Kind" im Eckhaus.
Das Café mit dem seltsam anmutenden Namen ist so etwas wie die Keimzelle der neuen Gaustraßenszene – aber das ist eine andere Geschichte.

Tante-Emma-Laden mit schönen Werbeschildern, die heute einiges wert wären.

4 An der STEILSTRECKE

Leuchtschrift, Arkadenfenster, gusseiserne Säulen und „Dicke Lilli" - die Gaustraße

„Treffen wir uns bei der dicken Lilli?" ist eine gängige Verabredung, denn das Café an der Gaustraße/Ecke Breidenbacher ist ein beliebter Treffpunkt. Doch „dicke Lilli" ist nur die Verkürzung des eigentlichen und eigentümlichen Namens – „Dicke Lilli, gutes Kind". Eva Kohls Stammgäste kennen die Geschichte dahinter, den anderen sei erzählt, dass es der Titel des autobiografischen Romans der Schauspielerin Lilli Palmer (1914-1986) ist. Sie beginnt ihre Karriere 1932 am Theater Darmstadt (damals Landeshauptstadt der Mainzer), wird aber ein Jahr später wegen ihrer jüdischen Herkunft entlassen. Sie flieht nach Paris, London, hat Erfolg in Hollywood, wird Star des deutschen Nachkriegskinos und ihr Buch 1974 zum Bestseller.

Der Titel wird zum geflügelten Wort und auch Eva Kohls Vater nutzt es, wenn jemand etwas gut macht und das ist für Tochter und Mutter Inspiration. Das passt, denn das Café ist ein gutes. Und mehr noch: Die „Dicke Lilli" ist sowas wie die Keimzelle der neuen, der jungen Gaustraße mit ihrem breiten kulinarischen Angebot zwischen rheinhessisch, spanisch und afrikanisch, mit Wein jedweder Provenienz, Kaffee, Cocktails, mit hübschen Läden und hoher Friseurdichte.

Bis in die Zeit des Krieges ist die Gaustraße die Einkaufsstraße des unteren Kästrichs: Da gibt es Bäcker und Metzger, mehrere kleine Lebensmittelläden und Handwerker, die zumeist in den Höfen hinter dem Haus ihre Werkstätten haben.

Die Straße ist jahrzehntelang das, was man als abgehängt bezeichnet. Ein paar Kneipen, Bäcker-Filialen, Zeitschriften, Friseur, eine an-

Die Variobahn klettert am Café „Dicke Lilli" (li.) die 9,549-Prozent-Steigung hinauf, die die Gaustraße zur steilsten deutschen Straßenbahnstrecke macht.

Eine schöne Ladenarkade aus den 1890er Jahren, die glücklicherweise immer noch erhalten ist: Hier arbeitet heute das Friseurteam von Anne & Timo.

tialkoholische Kneipe, das Blaumacher-Café „Grün", dazu ein stilles Antiquariat, in dem ein alter Herr im grauen Kittel ungern Auskunft gibt. Einer der wenigen Gründe, sich hierher zu verirren, ist das „Baff", das bis vier Uhr früh offen hat – davon gibt's einst nur vier in Mainz.

Hier 2012 ein Café zu eröffnen, ist also mutig. Aber bald gesellen sich „Fuchs und Bente" (Einrichtung, Kreatives, Nr. 34) und andere Läden hinzu. Der Stillstand zuvor hat aber auch Vorteile. So ist manch alte Geschäftsfassade erhalten geblieben. Die Friseure Anne & Timo (Nr. 39/41) arbeiten in einem Neurenaissance-Bau von 1894, hinter einer großen Ladenarkade mit wahrscheinlich noch originalem hölzernem Einsatz, während an der Nr. 15 zwei gusseiserne Säulen vom Ladenbau des 19. Jahrhunderts künden.

Wird einst über entstellende Ladeneinbauten des Wirtschaftswunders geklagt, ist man heute froh, dass einige erhalten sind. In den Fußgängerzonen sind die großen Scheiben nebst messingfarbenen Aluprofilen und schwarzglänzenden Kachel- oder Plättchen-Fassaden fast ganz verschwunden. Hier sieht man sie bei „Fuchs und Bente" und ganz wundervoll weiter unten beim „Salon Metz" inklusive geschwungener Leuchtschrift. Wie lange noch?

Während man bei der „Lilli", bei der „Marlene" oder oben an der Vinothek „Wangenrot", Ecke Stefansplatz, draußen sitzt, poltert alle paar Minuten eine Straßenbahn fast in Greifweite vorbei. Man staunt, wie steil es hoch geht – und tatsächlich ist dies die mit 9,549 Prozent steilste deutsche Strecke. Das war nicht immer so, aber steilere Linien in Neunkirchen oder

In der Gaustraße findet sich auch diese wunderschöne Ladenfassade, die der Wirtschaftswunderzeit entstammen dürfte. Fenstereinbauten mit Aluprofilen, Tür mit geriffeltem Resopalgriff, Leuchtschrift ...

Remscheid sind stillgelegt. Und durch den Umbau der Gaustraße 2004 wird die Strecke um ein paar Promille steiler und überholt auch Würzburg.

Erst seit Juni 1923 klettert die Elektrisch' die Gaugass' hoch, zuvor erreicht man Hechtsheim per Dampfbahn über Zahlbach. Wo an der Lindenmühle (wie heute) die Strecke nach Bretzenheim abbiegt, gehts am Wildgraben entlang zur Alten Ziegelei und von da zum Jägerhaus. Der Dampfbahnweg unterhalb der Berliner Siedlung hat laut dem Mainzer Kleinbahnexperten Gerd Wolff nichts mit der Trasse zu tun.
Erst als Bahn und Bremsen so stark sind, dass man die Gaustraße hoch- und sicher runterkommt, traut man sich hinauf.

Lange nur eingleisig, denn dort, wo sich heute die Gaustraße öffnet und verzweigt, folgt sie einst eng den Schienen. Und mitten auf dem heutigen kleinen Platz vorm Schottenhof steht das Haus der Metzgerei Erfurth. Es wird weggebombt und 1969 bricht man den Mitteltrakt des damals noch dreiflügligen Schottenhofs ab und verlegt da das zweite Gleis.

Bei den Resten des Schottenhofs, Stefansplatz 1 und Gaustraße 18, erkennt man die Verwandtschaft kaum, allein schon, weil der südliche Bau gelb gestrichen ist. Musikverleger Philipp Schott stiftet 1876 den Komplex, dessen Mieteinnahmen „zur Förderung und Pflege der Musik" verwendet werden, wovon ein Fries am Gaustraßen-Flügel kündet. Der Bau hat zwar im Krieg gelitten, überlebt aber als einziges Gebäude zwischen den Gleisen, während in der Häuserzeile gegenüber einige Häuser die Bomben unbeschadet überstanden

Noch liegen keine Straßenbahnschienen in der Gaustraße. Links gibts Bier aus der Altmünster-Brauerei in der Walpodenstraße, die 1920 schließt. Der Turmhelm im Hintergrund gehört zum Schottenhof.

Rechts der heute herausgeputzte südliche Flügel des Schottenhofs in den 50ern. Die unten noch zu sehende Verbindung zum anderen Flügel wird 1969 für den Durchbruch des zweiten Straßenbahngleises abgerissen.

Blick über den Graben der Wallanlagen zum Gautor um 1890, dessen äußere Schaufassade heute fast an gleicher Stelle steht.

haben. Dort habe ich einmal Gelegenheit, in einen der rückwärtigen Gärten und Höfe zur Martinsstraße zu schauen – ein Idyll. Viel mehr Grün gibt es vorm Gautor, aber das ist eine andere Geschichte.

Das Geschäft für französische Soldaten macht in der Nähe der Eisgrub-Kaserne sicher gute Geschäft. Rechts die Postkarte, 1899 geschrieben vom letzten Türmer von St. Stephan, zeigt unten den noch kompletten Schottenhof.

Blick von St. Stephan über den Wall hinweg, Richtung Pariser Straße. Hinten rechts die Obere Zahlbacherstraße.

5 Vor der FESTUNG

Von Gautor bis Fichteplatz: Hier wurde Mainzer Sportgeschichte geschrieben

Mit Größe und barocker Schönheit beeindruckt das Gautor auch heute noch seine Betrachter, und doch sehen sie nur den Abglanz des einstigen Festungsbauwerks. Wer durch die Toröffnung geht und glaubt, er habe „das Gautor" durchschritten, der irrt. Er passiert lediglich die Schmuckfassade des äußeren Toreingangs, die Gesamtanlage ist einst ungleich mächtiger. Der Weg führt unterm Wall hindurch, ist also mehr ein Tunnel, denn ein Tor.

Die Anlage aus dem 17. Jahrhundert hat 200 Jahre später ausgedient. 1896 wird sie abgetragen, aber Bürgerwille bewahrt besagte Schaufassade vorm Abriss. Erst steht sie im Hof des heutigen Frauenlob-Gymnasiums, ab 1962 diskret im Park am Fichteplatz, bevor das Tor 1998 in etwa an den alten Standort zurückkehrt. Kaum vorstellbar, dass hier einst die Stadt zu Ende ist. Vorm Tor ein Grabensystem, davor das Glacis - ein freies Schussfeld, das nicht bebaut werden darf. Dort wird um 1850 die erste große Freizeiteinrichtung im Grünen angelegt - der „Promenadenweg" - und nach der Festungszeit der Anlagenring; jener Parkstreifen, durch den man vom Römerwall oberhalb des Bahnhofs bis zur Salvatorstraße spazieren kann.

Die alte Fahrstraße, der „Weg um die Stadt", ist zwischen Drususwall und Römerwall erhalten. Einst lassen sich hier die besseren Herrschaften im Landauer oder im Coupé kutschieren, im März 1945 rasseln die Ketten der amerikanischen Sherman-Panzer und heute

Schon in den 1850er Jahren entstehen vor den Wällen rund um Mainz Spazier- und Kutschenwege.

sind hier Radler und Spaziergänger unterwegs.

So schön die Oberstadtparks sind, so sehr haben sie gelitten. Viele Treppen, Mäuerchen und Einfassungen sind beschädigt, die Wege löchrig. Seit 2018 läuft nun die millionenteure Erneuerung.

Auch wenn der Festungsring in den 20ern längst aufgehoben ist, leben die Mainzer und Mainzerinnen in der Altstadt (bis zur Großen Bleiche) eingezwängt im oft lichtlosen und gar nicht romantischen Gewirr von Gässchen, Höfen und Hinterhöfen. Welch Segen ist da das Ende der 20er-Jahre zwischen Fort Elisabeth und Drususwall gebaute Freizeitgelände mit Turnplatz, Liegewiesen, Gärten – und riesigem Planschbecken.

Ende der 20er-Jahre entsteht anstelle der Radrennbahn das große Planschbecken (siehe Stadtplan in Kapitel 1, S. 6).

Sommers pilgern einst die Altstadt-Kinder hoch zum „Planschi", wie die Kiosk-Kneipe noch heißt, toben durchs Wasser, genießen die Sonne – auf einem der wichtigsten Orte der Mainzer Sportgeschichte. Denn bevor das Planschi, heute Sprühfeld mit Spielplatz, gebaut wird, steht da eine Radrennbahn, die von einer Sportlegende betrieben wird: 88er-Mitbegründer Georg Drescher (1870-1938), ein Weltrekord-Gewichtheber, Ringer, Schwimmer und natürlich Radsportler. Auf dem Zweirad wird er Deutscher und Europameister und nimmt an den Olympischen Spielen 1900 in Paris teil. Beruflich handelt er mit Opel-Fahrrädern, -Nähmaschinen und -Autos in der Rheinstraße 29. Dazu hat Drescher noch Zeit fürs Präsidentenamt der Prinzengarde und ist MCV-Sitzungspräsident.

Sporthistorisch besonders wichtig: Im Innenraum der Beton-Radrennbahn, deren Steilkur-

Ansichtskarte der Radrennbahn zwischen Fort Elisabeth, Pariserstraße und Drususwall.

Sportlegende Georg Drescher oben zwischen den beiden Rennradfahrern. Der vielseitige Sports- und Geschäftsmann betreibt eine Opel-Niederlassung.

ven noch in der Böschung zu erkennen sein sollen, spielt bis 1910 auch Mainz 05. Dort holt sich die erfolgreiche Elf des Kreuzers „Gneisenau" eine 6:2-Klatsche ab. 1200 Mainzer und Mainzerinnen feiern, aber der warme Regen für die 05er-Kasse wird zur kalten Dusche: Der Kassierer brennt mit den Einnahmen durch.

Fast gleichzeitig zum Planschbecken entsteht am Fichteplatz die größte einheitlich geplante Wohnanlage in Mainz. Die Wohnungsnot ist groß, weil die französischen Besatzer viele Wohnungen brauchen und die Baukapazitäten abschöpfen, während die Einwohnerzahl wächst. So strömen viele Elsässer und Lothringer nach Mainz, auch Eisenbahner, die die Reichsbahndirektion aufnehmen muss. Die baut daher gemeinsam mit der städtischen „GmbH zur Errichtung von Kleinwohnungen" (1962 Wohnbau) die Anlage.

Zum Fichteplatz hin mit ihren 27 Achsen eine imponierende Anlage, in ihrem Inneren sehr harmonisch, licht und mit großen grünen Hö-

Noch in den 50ern ist die Fassade der Fichteplatz-Siedlung gut zu sehen, heute verdecken Baumkronen das Wohnungsbauprojekt von Stadt und Bahn aus den 20ern.

fen. Der Bauschmuck ist zurückhaltend, aber mit sehr schönen Akzenten. Der Blick aufs Detail lohnt. Sehr schön die innen liegende Kreuzung, deren Gebäude Nikolaus-Becker 7/9 und 8/10 sowie Schneckenburger 8 und 10 von den Mainzer Architekten Reinhold Weisse und Reinhold Schreiner gebaut wurden – letzterer Großvater des Mainzer Architekten und CDU-Landtagsabgeordneten Gerd Schreiner.

Die Wohnbau wird ihre Wohnungen dort sanieren, wobei Altmieter gegen geringe Mieterhöhung wohnen bleiben können. Ziehen sie aus, wird's dort teuer, 12 Euro je Quadratmeter. Einmal mehr ein schönes, stadtnahes Viertel, in dem Leute, die günstige Mieten brauchen, keinen Platz mehr haben werden - dafür die neue Mainzer Hafen-Mischung (Winter- und Zollhafen) aus Selbstständigen, höheren Angestellten und höheren Beamten. Dann ist es auch kein Viertel mehr, sondern ein Quartier ...

Wir wenden uns kopfschüttelnd ab und gehen, linkerhand vorbei am Wohnblock aus dem Jahr 1930, zurück zum Gautor.

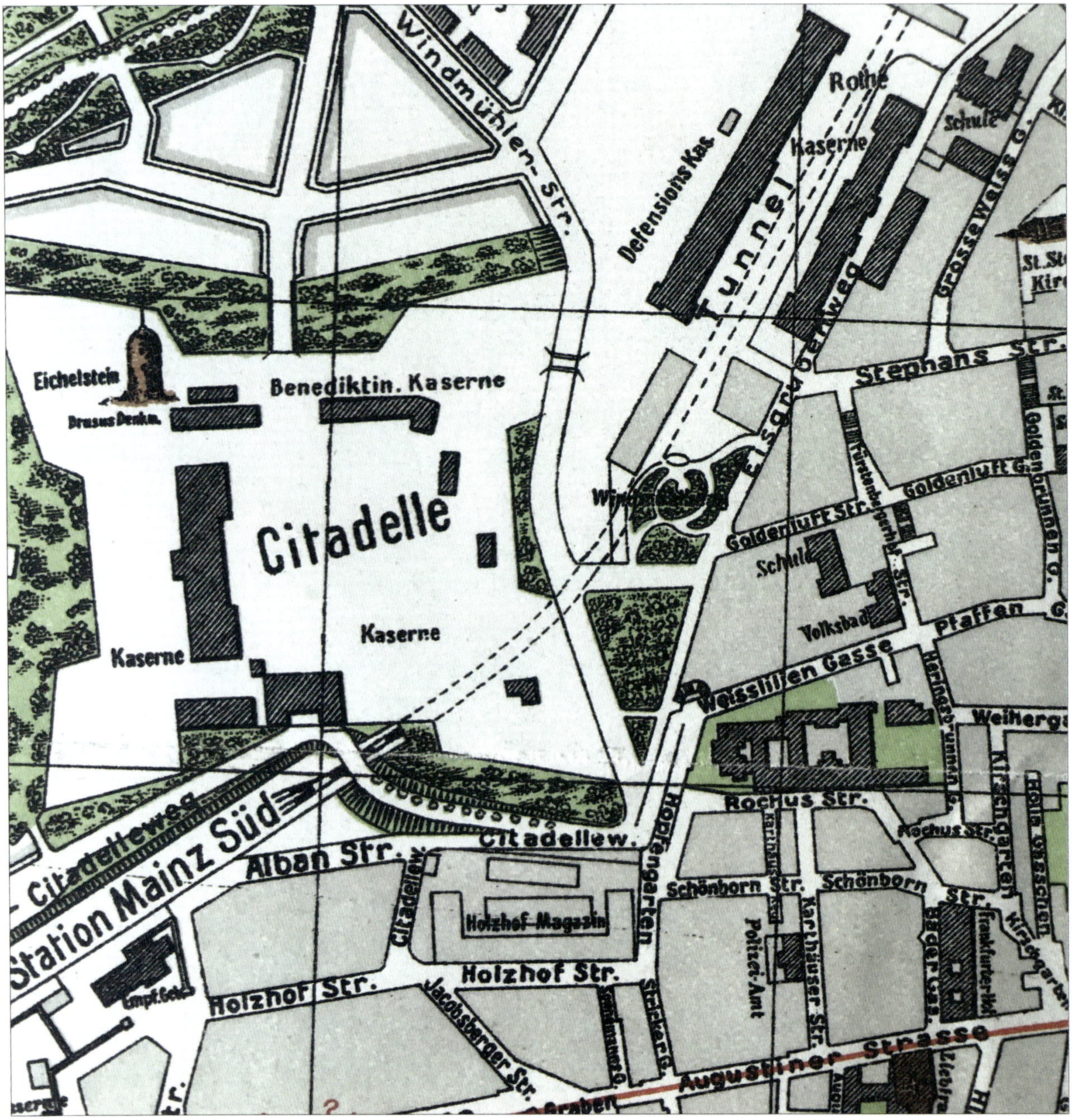

Stadtplan aus dem Jahr 1925 für die Kapitel 6 bis 9. Noch ist der Tunnel bis zum Hauptbahnhof nicht aufgeschnitten.

6 Kasernen und alle Stadtvillen

Vom alten Bahntunnel und dem schwersten Mainzer Zugunglück

Eine schöne Strecke in die südliche Altstadt ist der Eisgrubweg, rechter Hand vom Gautor. Eisgrub-Schule, Stadtvillen und herrschaftliche Wohnbauten lohnen das Innehalten, aber trotz des Charmes von einst handelt es sich nicht um eine alte Straße im Mainzer Sinne. Angesichts 2000-jähriger Straßenzüge wie der Emmeransstraße zählen die 150 Jahre des Eisgrubwegs in seiner heutigen Form praktisch nicht.
Der Straßenname weist auf einen Eiskeller

Blick von St. Stephan über die Große Weißgasse und die mittelalterliche Stadtmauer hinweg zur Eisgrubkaserne. Die wird 1930 abgerissen, der darunter liegende Bahntunnel aufgeschlitzt.

hin, in dem einst das in Festungsgräben oder Weihern gebrochene Eis gelagert wird, um im Sommer Brauereien, Wirtschaften und begüterte Haushalte zu beliefern. Das spielt sich vor der Stadtmauer ab, die an der Großen Weißgasse verläuft (parallel zum heutigen Eisgrubweg), bis im 17. Jahrhundert die vorgelagerte Wallanlage entsteht und die „Rote Kaserne" auf dem heutigen Bahneinschnitt gebaut wird. Nicht ihrer Farbe verdankt sie ihren Namen, sondern den roten Uniformröcken einer dort stationierten Einheit. 1842 wird hinter ihr noch die „Defensionskaserne" gebaut.

Stationiert sind hier auch die 87er, bis 1918 die Franzosen kommen. „Quartier Fayolle" nennen sie den Komplex nach einem General, aber als die Besatzer 1930 abrücken, sind die Tage der Kasernen gezählt. Denn der darunter liegende Bahntunnel zwischen Süd- und Hauptbahnhof wird in der Mitte aufgeschlitzt.

1924 ereignet sich im Tunnel das schlimmste Mainzer Zugunglück, als ein Personenzug auf einen stehenden D-Zug auffährt. Die Franzosen, die seit dem Bahnstreik 1923 die Bahn betreiben, sollen einfachste Sicherungsmaßnahmen außer Acht gelassen haben. Die Folge: 14 Tote, viele Verletzte.

Grund für das Aufschlitzen ist, dass der Dampflokrauch aus dem 1196 Meter langen Tunnel kaum abzieht und das ist für das Lokpersonal in den offenen Dampflokführerständen gefährlich. Auch als Arbeitsbeschaffung in der Wirtschaftskrise werden die Kasernen abgerissen, graben sich die Arbeiter hinunter zur Tunnel-

Der Eisgrubweg mit den Kasernen (re.), dem großen Funkmast der Franzosen und dem Türmchen der Eisgrubschule.

Mit schwerem Gerät gräbt man sich zum Tunnel durch. Ganz oben der Eisgrubweg mit dem Haus, das auf der vorangegangenen Seite auf dem unteren Foto links zu sehen ist.

röhre. Die Erdmassen schüttet man an der Pariser Straße zum Rodelberg auf.

Nach einem Artikel über die Kasernen vor einigen Jahren, erreicht mich ein Brief von Leserin Erna Haase, die gegenüber der Kaserne aufgewachsen ist und sich noch an die Franzosen erinnert. Ein Foto zeigt sie als Kind mit den Eltern vorm Haus und sie erzählt vom Vater Anton Marx und seinem spannenden Lebenslauf als Soldat in der deutschen Kolonie Tsingtao in China und als Koch bei den Franzosen in Marokko.

Ihr altes Haus wird im Krieg weggebombt, stattdessen entsteht hier in den 50ern die Turnhalle der Eisgrub-Schule, die 2011 ersetzt wird.
Zum Glück bleibt die Schule von 1888 verschont – ein herrlicher rot-gelb verklinkerter Bau mit aufgesetztem Zeichensaal, schön gestalteter Ziegelfassade und Treppenhaus-Risalit mit hoher, offener Laterne. Dass Letztere überlebt hat, ist ein Wunder, denn solche Details werden in den nüchternen Nachkriegsjahren oft beseitigt. Zerstörerisch geht aber die Stadt vor. Als vor ein paar Jahren vom Eisgrubweg ein Tor zum Schulhof geschaffen wird, bricht man grobschlächtig ein Loch in die schöne Klinkermauer und bringt es bis heute nicht fertig, das Ganze auszubessern.
Zwei Gebäude weiter (Nr. 9) steht noch lange

Das links beschriebene Haus mit Anton Marx und seiner Familie. Als junger Mann diente er in China und arbeitete in Marokko.

das Militärwagenhaus, das bis in die 90er von der Bundeswehr genutzt und dann durch ein Wohnhaus ersetzt wird. Auch die Nr. 11 an der Ecke zur Stefansstraße hat militärische Vergangenheit: Als Wohnhaus für verheiratete Soldaten.
Ab 1871 beginnt unterhalb die Bebauung des Eisgrubwegs mit Stadtvillen, in denen uns in Vorkriegsadressbüchern bekannte Mainzer Namen begegnen. In der Nr. 13 Justizrat Dr. Karl Friedrich Zuckmayer, Onkel von Carl Zuckmayer, in der Nr. 15 Lackfabrikant Ludwig Marx, dessen Großvater um 1840 die erste Lack- und Schellackfabrik des Kontinents in Zahlbach zwischen Backhaushohl und Draiser Straße gründet.

Gegenüber blickt man auf den Windmühlenberg, auf dem einst tatsächlich eine solche Mühle gestanden hat, wo aber auch noch bis ins 19. Jahrhundert hinein Hinrichtungen stattgefunden haben sollen. Heute findet man dort

Die schöne Mauer der Eisgrub-Schule ist seit Jahren nicht repariert.

Jugendstilglas gibt dem Blick auf den Dom einen schönen Rahmen.

das Kriegerdenkmal des Nassauischen Infanterie-Regiments Nr. 87, den sogenannte 87ern, die einst in den Eisgrub-Kasernen ihr Quartier haben.

Die Häuserzeile unterhalb der Goldenluftgasse hat noch die einst vorgeschriebenen Vorgärten, während das letzte Haus des Eisgrubwegs den augenzwinkernden Mainzer Gestaltungsspagat zwischen echter und erahnter Historie, fröhlich interpretiertem Denkmalschutz und Wohlfühloptik demonstriert. Mehr als 100 Jahre trägt die Villa über der Weißliliengasse ein flaches Walmdach, bis sie 1987 ein Steildach erhält. Gestalterische Freiheit und doch mit einem Funken Wahrheit, sehen doch erste Planungen 1870 ein solches Dach vor.

Nach 30 Jahren ist dieser Kunstgriff vergessen, ebenso die andere Flunkerei: Die benachbarte Treppen- und Rampenanlage von 1870, unter der einst Weißkohl reift, um als „Mainzer Sauerkraut" nach halb Europa verschickt zu werden, wird hundert Jahre später beim Bau der Altstadttangente abgetragen und durch eine frei gestaltete, wenn auch alt anmutende Imitation ersetzt. Aber wie gesagt: Die Mainzer und Mainzerinnen haben zu historisierenden Erneuerungen ein entspanntes Verhältnis und fühlen sich wohl dabei.

Blick zum Windmühlenberg, auf dem einst Hinrichtungen stattgefunden haben, mit dem 87er-Denkmal.

Der Palazzo ist um 1970 heruntergekommen und soll einem Hochhaus weichen. Heute ein Schmuckstück.

7 Die dunkle Seite der ALTSTADT

Als im Palazzo an der Weißliliengasse noch 200 Menschen lebten / Der Holzhof hat eigene Gesetze

Wer den Eisgrubweg runterkommt, fällt vom 19. Jahrhundert in die 70er. Die zwischen Holzhof- und S-Kurve der Windmühlenstraße eingezwängte Wohnanlage atmet nicht nur viel Feinstaub, Stickstoffdioxid, Schwefel- und Kohlenstoffmonoxid, sondern auch den Geist ihrer Zeit: kantiger Beton, Balkone Richtung Straße und ein Innenhof, der kleinteilige Altstadtstrukturen imitiert. Doch damals ist die Anlage ein Riesenfortschritt gegenüber dem Vorgänger – der Holzhofkaserne, einem Schattenort der Altstadt.

Wir wenden uns aber treppab dem Eisgrubbräu zu, einst Geheimtipp, längst Institution. Der Versuchung, einen Meter Bier des hellen Märzen oder Schwarzen zu ordern, sollte man zu Beginn des Spaziergangs widerstehen. Dafür darf man einen Gedanken auf den Mainzer Wein verwenden, dessen letzter Stadtwingert

Zeitweise wohnen bis zu 200 Menschen im Palazzo, etwa in dem niedrigen Geschoss unter der Attika, dessen Fenster nur Bullaugen sind (Pfeile). Dort wohnt eine italienische Familie, die damals AZ-Fotograf Klaus Benz besucht hat.

noch 1870 an die Weißliliengasse reicht, bis hier ein Ensemble schöner Wohnhäuser entsteht.

Die Nr. 7 hat in den 70ern einen guten Ruf unter Schülern. Im Café der Katholischen Jugendzentrale, KJZ, begrüßen sich die Blaumacher aller Schulen. Damals gibt es für Schüler, die sich selbst Dispens erteilen, noch ein paar Treffs: das Café Grün in der Gaustraße oder der Flipperraum mit Eight Ball und Dragon im Onkel Willys Pub in der Binger Straße.

Anfang der 70er ist das Ensemble wie der Rest der Altstadt Krisengebiet. Schlimme Wohnverhältnisse überall, selbst der Palazzo ist abbruchreif. 1970 wollen ihn Investoren für ein achtgeschossiges Hochhaus abreißen. Als die Stadt das untersagt, unterteilen die Eigentümer die hochherrschaftlichen Wohnungen in winzige Appartments. Bis zu 200 Menschen wohnen im Haus, darunter Gastarbeiterfamili-

Die noch schmale Weißliliengasse mit Blick zum Palazzo, rechts das später abgerissene Sozialamt.

Der Plan für die Altstadttangente 1964, die vielspurig über Weihergarten, am Rochus vorbei zur Dagobertstraße (re.) führt. Zur Orientierung: von unten kommt der Eisgrubweg mit Einmündung Goldenluftgasse, ganz links mittig das Rochus-Spital. Ganz oben Augustinerstraße, Graben, Neutorstraße.

en im Hilfsgeschoss unter der Attika. Sie haben als Fenster kleine Bullaugen in Hüfthöhe. 1981 beginnt die Sanierung: Der Hausschwamm frisst das Holz, fast der Hälfte der Decken droht der Einsturz, Leitungen hängen aus den Wänden ...

Heute macht der Palazzo seinem Namen alle Ehre, wenn man auch wie beim Nachbarhaus am Eisgrubweg nicht ohne Schwindel auskommt. Der steile Dachaufbau mit den Ecktürmen ist pure Erfindung.

Beim Bau der Altstadttangente nach 1970 wird die Weißliliengasse stark verbreitert, auch unterhalb des Palazzo in Richtung Holzhofstraße. Dort steht gegenüber der Treppenanlage das damalige Sozialamt, ein schöner Bau aus dem 19. Jahrhundert. Es muss leider weichen, wie manch anderes auch im Zuge der neuen Rennstrecke.

Wer heute Weißliliengasse und Holzhofstraße kritisch betrachtet, hat sicher in mancher Beziehung recht. Die wenigsten wissen aber, dass diese Form der Altstadttangente noch das bei Weitem kleinere, ja fast verschwindend geringere Übel ist gegenüber den Plänen aus den frühen 60ern. Damals plant man ja noch die gesamte Innenstadt mit der Stadtkerntangente zu umgehen. Die Mombacher Straße hinter dem Bahnhof hätte nicht wie heute in einer S-Kurve zum Linsenberg geendet, sondern wäre als mehrspurige Straße in den Wallanlagen weitergeführt worden. Sie wäre den Eisgrubweg heruntergekommen und hätte dort an die Altstadttangente angedockt. Mit seinen großen Abfahrten und einem Gewirr an Straßenüberführungen wäre hier ein Verkehrsknoten entstanden, der jeder Autobahn

Die Holzhofkaserne muss in en 70ern der neuen Holzhofstraße Platz machen.

zur Ehre gereicht hätte. Weiter südlich tritt die Abrissbirne in Aktion, denn die Holzhofkaserne steht der Altstadttangente im Weg. Ein dunkles Stück Altstadt in deren ohnehin düsterer Nachkriegsgeschichte. Überall verfallene Häuser, nur jede zweite Wohnung hat ein WC und manchmal teilen sich acht Mietparteien ein Plumpsklo. Der Holzhof ist in dieser Tristesse noch eine eigene Welt.

Der Architekt Günther Roßellit ist in der Altstadt in den 50ern aufgewachsen, im Hinterhaus Graben 1, in der Schönbornstraße, und er liebt sein Viertel, auch wenn es bisweilen rau zuging, wie er einmal erzählt. „Einfache Leute haben hier gelebt. Arbeiter, kleine Handwerker, ehrliche Leute." Aber den Holzhof, das ärmliche Notquartier in der alten Kaserne, betritt man besser nicht. Wer da als Jugendlicher ungebeten reingeht, riskiert Prügel. Dort, wo viele Ausgebombte noch Jahrzehnte nach Kriegsende leben müssen, herrschen eigene Gesetze.

Wenn gewisse Leute heute toben, dass es wegen Migranten No-go-Areas gebe, sei daran erinnert, wo man in Mainz einst besser nicht hinging: Die Alice-Kaserne (heute Polizeipräsidium) war so ein Ort, später der Goetheplatz, Teile des Hartenbergs, ein paar Straßen in Kostheim und eine Zeit lang die damals heruntergekommene Neumühle im Gonsbachtal ...

Holzhof ist die Bezeichnung für einen Lagerplatz des Militärs, bis 1775 auch der herrschaftliche Holzhof vom Bleichenviertel dorthin verlegt wird. Und noch im letzten Krieg ist dort ein Betrieb, der Holz für den Kfz-Betrieb aufbereitet. Vor allem Busse und Lkw fahren mangels Benzin mit Holzvergasern.

Die Kaserne, die mitten auf der heutigen Holzhofstraße steht, wird niedergelegt und es entsteht moderner Wohnraum, ein paar kleine Geschäfte und die Kneipe „Holzhof", deren Außenverkleidung das Einzige ist, was an Holz erinnert. Lange gibt es Second-Hand-Platten bei Fred Balz, der nie einen Hehl daraus macht, wenn er einen Musikgeschmack nicht mag.

Über die Hopfengartenbebauung gegenüber wird viel geschimpft und in der Tat ist der Riegel mit seinen langweiligen Fensterreihen zur Holzhofstraße hin wenig schmückend. Doch nach Jahrzehnten, in denen der Hopfengarten sein Dasein als zugiger, zugeparkter Durchgang fristet, ist er nun ein gastlicher Ort. Dabei ist der Platz selbst ein trauriges Kriegskind,

In den 70ern entsteht die neue Einmündung der Windmühlenstraße in die Holzhofstraße. Links ist heute das Parkhaus mit tegut-Supermarkt.

der entsteht, weil Bomben den Häuserblock zwischen Strickergasse und Sonnenmannsgässchen ausradieren. Die Gässchen verschwinden und der entstandene Platz ist ab 1971 Parkfläche als Ausgleich für das in der Augustinerstraße erlassene Parkverbot.

Zweihundert Meter weiter mündet heute die Windmühlenstraße in die Holzhofstraße, aber auch erst seit dem Bau der Altstadttangente. Früher kommt von oben der Zitadellenweg, ein schmales Sträßchen, nicht zu vergleichen mit der heutigen Fahrbahn. Oft marschieren dort Soldaten, besonders nach der Besetzung des entmilitarisierten Rheinlands durch die Wehrmacht 1935, denn auf der Zitadelle werden oft Vereidigungen durchgeführt. Das letzte Mal sieht man dort am 22. März 1945 Soldaten der Wehrmacht: Sie marschieren zur Zitadelle in die Gefangenschaft.

1939 marschieren die Soldaten der Wehrmacht den Zitadellenweg (heute untere Kurve der verlängerten Windmühlenstraße) hinunter; sechs Jahre später gehen die Reste der Mainzer Garnison hier in Gefangenschaft.

Gruss aus dem St. Rochus-Hospital, Mainz.

Interessanter Blick auf den damals noch viel größeren Komplex des Rochus-Hospitals, bis 1914 das wichtigste Krankenhaus in Mainz. Als am 1. August 1914 das Städtische Klinikum in der Oberstadt eröffnet werden soll, lässt der Direktor des Krankenhauses schon am Tag zuvor die Kranken umziehen, weil Krieg in der Luft liegt und er die Beschlagnahme als Lazarett fürchtet. Nach dem Krieg ist in dem Gebäude an der Weißliliengasse das Sozialamt untergebracht, es wird später für die Altstadttangente abgerissen.

Wären die ersten Planungen für die Altstadttangente verwirklicht worden, hätte dieses Haus nicht überlebt.

8 Zum Bahnhof Neuthor

Vom Nachtfahrverbot in der Altstadt und einem Kriminalfall in der 1920ern

Zugegeben, den Weg vom Hopfengarten zum Südbahnhof spaziert keiner gern - es sei denn man muss oder hat eine gewisse Liebe zur Geschichte der südlichen Altstadt. Ansonsten muss man stark sein an der Asphaltschneise mit ihren Autokolonnen. Aber genau für die wird die Altstadtangente von der Lu zur Rheinstraße in den 70ern gebaut.

Authentisch ist in Richtung Südbahnhof nur die linke Seite mit einigen schönen Häusern der 1840er- bis 70er-Jahre. Etwa der Ziegelbau an der Ecke Schönbornstraße mit dominantem Eckerker und schroffen Treppengiebeln. Der Blick nach oben lohnt, wohin wir ihn viel zu selten schweifen lassen. Dabei gibt es an alten Häusern viel zu entdecken: Giebel, Friese, Gesimse, Fensterbedachungen, Inschriften und vieles mehr.

Der Eindruck der Häuser wird getrübt vom breiten Straßenband - aber es hätte viel schlimmer kommen können. Ein erster Entwurf will die Jugendstilhäuser zwischen Willigisstraße und Goldenbrunnengasse abreißen, das beschriebene Ziegelhaus Holzhof/Ecke Schönborn und die Lampenfabrik. Bürgerprotest verhindert das.

Spannende Einblicke in den Kampf ums Viertel, gegen Abrissbagger, Edel-Sanierung und die Vertreibung der Vilzbächer bietet die Zeitung „Die Altstadt". Das linke Blatt erscheint ab 1970 bis Ende der 80er und begleitet sehr kritisch die Planungen der Stadt, die Autogläubigkeit und fordert schon damals Vorfahrt für Radler.

Der Kampf richtet sich vor allem gegen die „Altstadt-Autobahn", die als zu groß dimensioniert angeprangert wird. Doch trotz allen Protests wird sie gebaut und ihretwegen verliert die Altstadt viel Verkehr. Als aber in den 80ern viele schicke Kneipen in der Augustinerstraße entstehen – Altstadt-Drosselgasse wird geunkt –, nimmt er wieder zu. Da greift die Stadt zu einem drastischen Mittel und erlässt ein Nachtfahrverbot. Nach 22 Uhr dürfen nur noch Anwohner ins Viertel zwischen Rheinstraße und Altstadttangente einfahren, für alle anderen wirds teuer. Wochenendkontrollen am Graben, bei denen sich die Polizisten mit Autofahrern und Ausreden rumärgern müssen, sind Spektakel fürs Kneipenvolk.

Wer nach Einmündung der Windmühlenstraße nach rechts oben blickt, sollte – so ist es ursprünglich gedacht – freien Blick zur Zitadelle

Die Altstadt

Stadtteilausgabe der Rhein-Main-Umschau für die Mainzer Altstadt Nr.4/1979

Asphalt statt Beton

Weissliliengasse wird Autobahn

Eine Asphalt-Orgie feiern die Mainzer Straßenplaner zur Zeit zwischen Hertie-Parkhaus und Schott-Verlag auf der Trasse der Altstadt-Tangente. Allen Versicherungen zum Trotz werden nicht nur 4 Fahrspuren, sondern auch noch zusätzliche Park- und Haltebuchten gebaut. Von Bäumen statt Beton - wie es im SPD-Wahlkampf so schön hieß - ist weit und breit nichts zu sehen. Warum setzt Bürgermeister Diehl (CDU) nicht auch hier eine Baumbepflanzung mit Parkbuchten wie auf der Großen Langgasse durch? Warum gibt es keine Fahrradwege zu den vielen Schulen an der Altstadttangente? Die Straßenbauer orientieren sich bis jetzt ausschließlich an den überholten "Richtlinien für die Anlagen von Stadtstraßen", die aber nur auf die Belange eines schnellen Autoverkehrs abgestellt sind. Während diese Asphalt-Orgie mit 80 % vom Land und vom Bund bezuschußt wird, droht das CDU-regierte Land mit Zuschußstreichungen, wenn die Stadt die Altstadt-Tangente auf 2 Fahrspuren reduzieren würde. Wegen der gleichen unsinnigen Richtlinien wurde die Treppenanlage vor dem Holzhof an der Weißliliengasse - wie die Altstadt-Tangente so schön heißt - für DM 3 Millionen abgerissen und wieder aufgebaut - nur um eine 3. und 4. Fahrspur zu schaffen (!)

Kein Wunder, daß da für die eigentliche Altstadtsanierung das Geld nicht ausreicht! Hoffen wir, daß Oberbürgermeister Jockel Fuchs dem Ministerpräsidenten unseres Landes, Herrn Dr. Vogel, diese unsinnigen Praktiken anläßlich des Gesprächs über die Mainzer Innenstadt-Probleme am 29. August deutlich vor Augen geführt hat. Mit dieser Verschwendung von Steuergeldern muß endlich Schluß gemacht werden! Zuschüsse für Alleebäume und Grünanlagen sind wichtiger!

Z e h n kleine Häuserlein,
man konnt' sich ihrer freun.
Das eine war so furchtbar alt -
da waren's nur noch neun.

N e u n kleine Häuserlein,
die waren eine Pracht.
Das eine war der Straß' im Weg -
da waren's nur noch acht.

A c h t kleine Häuserlein,
so richtig zum Verlieben.
Man baut' ein Ministerium -
da waren's nur noch sieben.

S i e b e n kleine Häuserlein,
ein stattlicher Komplex.
Das eine wurde wegsaniert -
da waren's nur noch sechs.

S e c h s kleine Häuserlein,
verzeiht mir, daß ich schimpf',
das eine war nicht wirtschaftlich -
da waren's nur noch fünf.

F ü n f kleine Häuserlein,
der Altstadt schöne Zier,
ein Parkhaus wurde dort gebaut -
da waren's nur noch vier.

V i e r kleine Häuserlein,
was ist denn schon dabei?
Wir haben so viel alt Gelersch -
da waren's nur noch 3.

D r e i kleine Häuserlein,
jetzt macht doch kein Geschrei.
Wir bauen's später schöner auf -
da waren's nur noch zwei.

Z w e i kleine Häuserlei[illegible]
die standen mal in Mainz.
Das eine war nicht recht gepflegt -
da waren's nur noch eins.

E i n kleines Häuserlein,
so lernt man's in der Schul',
ergibt doch ein Ensemble n[illegible] -
da waren's endlich null.

N u l l kleine Häuserlein,
da muß doch was geschehn!
Wir bau'n ein paar Attrappen hin -
gleich sind es wieder zehn.

B a b b e d e c k e l - G o t i k, eine neue Mainzer Errungenschaft. An anderen Stellen wurden und werden echte historische Bauten abgerissen.

„Die Altstadt" setzt sich in den 70ern sehr kritisch mit den Planungen der Stadt auseinander und trägt sicher dazu bei, dass manches verhindert werden kann.

Das Caritas-Haus Ecke Dagobertstraße vom Ende der 20er, das leider vor einigen Jahren abgerissen wurde.

haben, doch heute steht da ein wuchtiger Bunker, unten Supermarkt, oben Parkhaus. Auch gegenüber gibt es kaum noch Altes.

Vor 20 Jahren finden sich dort in Hinterhöfen und Seitenflügeln noch kleine Betriebe wie die Druckerei Kindermann. Die ist schon in den 80ern aus der Zeit gefallen, stammt mit Einrichtung, Setzkästen und Maschinen aus der Vorkriegszeit so wie auch eine riesige Reichsbahn-Streckenkarte, die ich dort einst entdecke. Der Besitzer ist ein Original, hat nie anderswo gelebt als in seiner Altstadt. Herrn Kindermann, seine Druckerei und den Backsteinbau gibt es leider schon lange nicht mehr.

Das Nachbarhaus Holzhofstraße 8 ist gerade abgerissen worden. 120 Jahre alt, gehört der Bau einst zur „Gasapparat- und Gusswerke AG" von 1845, schließt damals an deren Stammhaus an der Nordseite der Dagobertstraße an. Ein Schienentunnel unter der Straße verbindet das alte Fabrikareal mit der 1899 gebauten Lampenfabrik. Der Rheinische Verein für Denkmalpflege kämpft um die Nr. 8 als rares Zeugnis jener Mainzer Industrieepoche. Vergebens.

Das benachbarte Caritas-Gebäude ist bereits verschwunden. 1927 wird es mit modernem Altersheim, Armenküche, Wanderherberge und Wärmehalle erbaut – und es spielt eine Rolle in einer Kriminalgeschichte. So soll Caritas-Chef Alois Strempel um 1925 für eine rheinhessische Familie eine zig-Millionen-Dollar-Erbschaft in USA sichern, bleibt aber angeblich erfolglos. Dafür hat er selbst plötzlich Geld, zieht mit seiner Mutter ins Nobel-Hotel „Hof von Holland", leistet sich Auto nebst Chauffeur, organisiert für die Rettung des Doms Unsummen und auch das Caritas-Haus kann gebaut werden ... Später zieht der Kirchenmann in die noble Ritterstraße in der Oberstadt.

Über ein Jahrzehnt prozessiert die rheinhessische Familie gegen den Kirchenmann, selbst Göring wird in den 30ern eingeschaltet, aber 1944 stirbt Strempel. 1949 berichtet der „Spiegel" über die Sache, dann wird es still um den Fall.

Gegenüber grüßt die neuaufgebaute Bahnhofsfassade von 1884. Die Station heißt bis zum Schleifen der Wälle Mainz-Neuthor bzw. -Neutor und ab 1903 Südbahnhof. Eisenbahnschriftsteller Karl-Ernst Maedel erlebt ihn als Kind in den 20ern zur Dampflokzeit, als hier am Tag über 200 Züge durchfahren und anhalten und der Tunnelmund nie aufhört zu qualmen.

Er schreibt später: „Wann hat je ein Bahnhof einen phantastischeren Eindruck auf das empfängliche Gemüt eines Knaben gemacht? Jener unaufhörlich dampfende Tunnelmund, dem Krater eines Vulkans oder dem Höllenschlund vergleichbar, faszinierend, unergründlich, geheimnisvoll, wenn sich aus den milchigen Schwaden die trüben Laternen eines Zuges lösten und Maschine und Wagen herangepoltert kamen, hart puffend, sofern es sich um einen durchfahrenden Schnellzug handelte, mit quietschenden Bremsen bei dem erwarteten Personenzug. Dazu jener Tunnelgeruch, der über dem ganzen Bahnhof ausgebreitet lag ... in seiner Intensität einmalig, heute längst Geschichte."

Blick aus der Dagobertstraße zum Bahnhof Neuthor, später Neutor, dann Südbahnhof und heute Römisches Theater. Der Gebäudeteil rechts wurde in die Neubauten der 2000er Jahre integriert.

An der südlichen Bahnhofsfahrt sieht man bis zum Schleifen der Wälle noch verschließbare Tore. Links oben die Türmchen gehören zur Neuthor-Kaserne, die Hausecke links zur heute nicht mehr existierenden Albanstraße.

So viele Eisenbahner wie hier am Südbahnhof, sieht man heute am Hauptbahnhof nicht mehr.

9 Rund um den SÜDINGER

Wo heute das Nachtleben tobt, war es früher einfach nur dunkel

Die große Zeit des Südbahnhofs ist lange passé. Da ist er noch ein wichtiger Umsteigebahnhof für jene, die mit dem Zug von Süden kommend Richtung Frankfurt wollen und umgekehrt. Die meisten Anschlüsse wären auch im Hauptbahnhof erreicht worden, aber in Zeiten, da eine weite Bahnfahrt für die allermeisten Menschen noch die große Ausnahme, fast schon ein Abenteuer ist, geht man auf Nummer sicher. Wer eine Zugreise vor sich hat, steht mindestens eine halbe Stunde vorher auf dem Bahnsteig und ist aufgeregt.

1914 halten im Südbahnhof sogar D-Züge mit Kurswagen nach Basel und Nancy, 1936 immerhin noch weitlaufende Eilzüge, während am 1. März 1945 hier einer der traurigsten Züge seiner Geschichte wartet. Zwei Tage nach der totalen Zerstörung der Stadt durch britische Bomber steht hier ein Evakuierungszug für all jene, die alles verloren haben. „Gegen Mittag verbreitete sich die Meldung, dass man ... einen Zug bereitstelle, um die Ausgebombten in Richtung Süden zu bringen", erinnert sich ein Mainzer, damals noch ein Kind, der sich mit seiner Mutter auf den Weg macht. „Die Wagen waren schon überfüllt und noch immer kamen Menschen hinzu. Jeder wollte so schnell wie

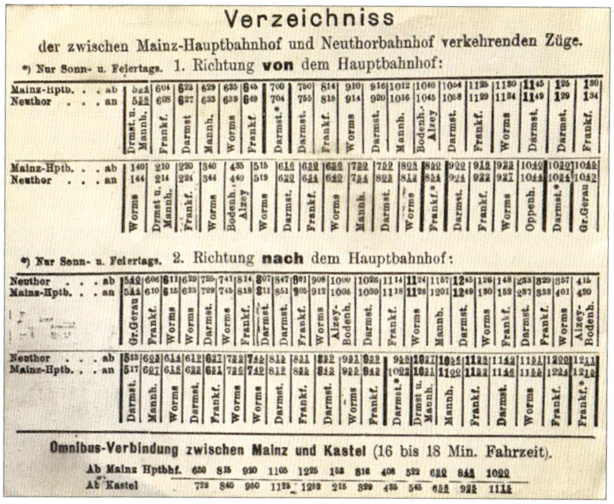

Verzeichniss

der zwischen Mainz-Hauptbahnhof und Neuthorbahnhof verkehrenden Züge.

*) Nur Sonn- u. Feiertags. 1. Richtung **von** dem Hauptbahnhof:

Mainz-Hptb. . . ab	5^{22}	6^{04}	6^{23}	6^{29}	6^{35}	6^{45}	7^{00}	7^{50}	8^{14}	9^{10}	9^{16}	10^{12}	10^{40}	10^{54}	11^{25}	11^{30}	11^{45}	1^{25}	1^{30}
Neuthor . . . an	5^{26}	6^{08}	6^{27}	6^{33}	6^{39}	6^{49}	7^{04}	7^{55}	8^{18}	9^{14}	9^{20}	10^{16}	10^{45}	10^{58}	11^{29}	11^{34}	11^{49}	1^{29}	1^{34}
	Drmst. u. Mannh.	Frankf.	Darmst	Mannh.	Worms	Frankf.	Darmst.*	Darmst.	Frankf.	Worms	Darmst.	Mannh.	Bodenh.-Alzey	Darmst.	Frankf.	Worms	Darmst.	Darmst.	Frankf.

Mainz-Hptb. . . ab	1^{40}	2^{10}	2^{20}	3^{40}	4^{35}	5^{15}	6^{16}	6^{22}	6^{26}	7^{22}	7^{52}	8^{08}	8^{50}	9^{20}	9^{18}	9^{22}	10^{40}	10^{20}	[illegible]
Neuthor . . . an	1^{44}	2^{14}	2^{24}	3^{44}	4^{40}	5^{19}	6^{20}	6^{24}	6^{30}	7^{24}	8^{03}	8^{12}	8^{54}	9^{24}	9^{22}	9^{27}	10^{44}	10^{24}	10^{42}
	Worms	Drmst u. Mannh.	Frankf.	Worms	Bodenh.-Alzey	Worms	Darmst.	Frankf.	Worms	Mannh.	Darmst.	Worms	Frankf.*	Darmst.	Frankf.	Worms	Oppenh.	Darmst.*	Gr.Gerau

*) Nur Sonn- u. Feiertags. 2. Richtung **nach** dem Hauptbahnhof:

Neuthor . . . ab	5^{42}	6^{06}	6^{11}	6^{29}	7^{25}	7^{41}	8^{14}	8^{07}	8^{47}	9^{01}	9^{08}	10^{00}	10^{26}	11^{14}	11^{24}	11^{57}	12^{45}	1^{26}	1^{48}	2^{33}	3^{29}	3^{57}	4^{15}
Mainz-Hptb. . . an	5^{44}	6^{10}	6^{15}	6^{33}	7^{29}	7^{45}	8^{18}	8^{11}	8^{51}	9^{05}	9^{12}	10^{05}	10^{30}	11^{18}	11^{28}	12^{01}	12^{49}	1^{30}	1^{52}	2^{37}	3^{33}	4^{01}	4^{20}
	Gr.Gerau	Frankf.	Worms	Worms	Darmst.	Worms	Frankf.	Darmst.	Darmst.	Frankf.	Worms	Alzey-Bodenh.	Darmst.	Frankf.	Worms	Mannh.	Darmst.	Worms	Frankf.	Darmst.	Frankf.	Worms	Alzey-Bodenh.

Neuthor . . . ab	5^{13}	6^{03}	6^{14}	6^{18}	6^{27}	7^{22}	7^{45}	8^{15}	8^{21}	8^{32}	9^{21}	9^{39}	9^{58}	10^{27}	10^{56}	11^{28}	11^{42}	11^{51}	12^{20}	12^{11}
Mainz-Hptb. . . an	5^{17}	6^{07}	6^{18}	6^{22}	6^{31}	7^{26}	7^{49}	8^{19}	8^{25}	8^{43}	9^{25}	9^{43}	10^{02}	10^{31}	11^{00}	11^{32}	11^{46}	11^{55}	12^{24}	12^{15}
	Darmst.	Mannh.	Worms	Darmst.	Frankf.	Worms	Worms	Darmst.	Frankf.	Darmst.	Worms	Frankf.	Darmst.*	Drmst u. Mannh.	Mannh.	Frankf.	Darmst.	Worms	Frankf.	Frankf.*

Omnibus-Verbindung zwischen Mainz und Kastel (16 bis 18 Min. Fahrzeit).

Ab Mainz Hptbhf.	6^{50}	8^{15}	9^{20}	11^{05}	12^{25}	1^{53}	3^{16}	4^{08}	5^{22}	6^{22}	8^{43}	10^{22}
Ab Kastel	7^{28}	8^{40}	9^{50}	11^{25}	12^{52}	2^{15}	3^{29}	4^{35}	5^{45}	6^{52}	9^{22}	11^{15}

Einst führt vom Zitadellenweg die Albanstraße zum Südbahnhof, an dem sich Häuser mit Eisenbahner-Wohnungen befinden. Der Fahrplan ist schon vor 1900 äußerst dicht.

möglich den Ort des Schreckens hinter sich lassen ..."

In den 50ern halten hier noch Eilzüge und moderne Eil-Triebwagen, dann versinkt er für Jahrzehnte in einer Art Tiefschlaf. Da hilft es auch kaum, dass der Bahnhof 1959 nach der Teilzerstörung eine neue, hoch verglaste Empfangshalle mit modernem Pultdach, angebauter Gaststätte und Kiosk erhält. Denn wer steigt hier am Rand der südlichen Altstadt schon ein und aus? Hier ist im wahrsten Sinne die Welt zu Ende.

Die Neuthor-Kaserne, deren Besatzung einst für das Neuthor zuständig ist. Im Hintergrund das Apparate-Gusswerk.

Architekt und Stadtplaner Ernst May schreibt 1958 über das Viertel: „Durch unregelmäßige Straßenstruktur, Enge und dichte Bebauung ..., den größtenteils mangelhaften Bauzustand und die starke Durchsetzung mit Gewerbebetrieben, die sich in den Hinterhöfen etabliert haben, ist das Gebiet mehr oder weniger zum Wohngebiet der untersten Bevölkerungsschichten abgesunken."

Daran ändert sich lange nichts. Auch die Altstadtsanierung bleibt erst mal am Graben stehen. Und wo heute rund ums CineStar das Nachtleben bebt, ist es vor dem Durchstich der Altstadttangente zur Rheinachse Ende der 70er nachts vor allem dunkel. Der wenige Autoverkehr strebt durch die Dagobertstraße oder hinter der Lampenfabrik vorbei, wo sich rechter Hand bis zur Neutor-Schule ein riesiger Parkplatz erstreckt. Dort, wo bis 1930 die Neutorkaserne steht.

Gegenüber an der Neutorstraße liegt die einstige Lokwerkstatt der Großherzoglich Hessischen Ludwigseisenbahn aus jener Zeit, da die Eisenbahn noch am Rhein entlang durch Mainz fährt. Von 1929 bis 1989 dient das Gebäude als Markthalle, bevor in die Halle mit schöner Eisenkonstruktion 1994 das Museum für Antike Schifffahrt einzieht. In direkter Nachbarschaft entsteht derzeit das neue Römisch-Germanische Zentralmuseum, mit dem die Neuordnung der südlichen Altstadt abgeschlossen ist.

Zu Markthallenzeiten gibts in der dortigen Kneipe schon in aller Herrgottsfrühe Herzhaftes und Wachmacher. Für die Beschicker und die Händler, aber auch für jene, die um vier Uhr in der Frühe aus Achim Goebels Diskothek „L'Escalier" im Winterhafen kommen. Oder man trollt sich weiter zum „Südinger" - so der Nachtschwärmername für die Kneipe im Südbahnhof.

Einst Lokwerkstatt der Hessischen Ludwigsbahn, dann jahrzehntelang Markthalle, heute Römerschiff-Museum. Auf dem Parkplatz davor steht heute das CineStar-Kino.

Die macht um vier Uhr in der Frühe auf und vorlaute Abiturienten sollten hier besser die Klappe halten, denn der Ohrfeigenbaum trägt reiche Früchte und die fallen leicht. Wer sich aber respektvoll zurückhält, kann morgens um fünf mit einem Bundesbahn-Rangierer oder einem Neutorstraßen-Türsteher übers Leben philosophieren.

2004 verschwindet die schöne Empfangshalle von 1959 samt dem Südinger, denn die Stadt plant fünf Jahre nach der Eröffnung des CineStar eine städtebauliche Neuordnung des gesamten Bereichs.
Nach Plänen des Wiesbadener Architekten Severain wird das alte Bahngebäude so integriert, dass die Wand auf der Gleisseite erhalten bleibt, während die stadtseitige nach „Komplettdemontage des gesamten Gebäudes als Rekonstruktion mit originären Mauerwerks-, Gesims- und Gewändeteilen wieder errichtet wird".

Mit den beiden Hauptgebäuden, zwischen denen der Zugang zum Bahnsteigtunnel verläuft, und dem vorspringenden Ellipsoid ein ansprechendes Ensemble, das schön mit dem großartigen Gegenüber der Handwerkskammer korrespondiert.

Dort im Erdgeschoss eröffnet 2002 die legendäre Panama-Bar, die aber 15 Jahre später wieder schließen muss, weil all die vielen Feste in der Stadt es den Gastronomen mit festen Etablissements immer schwerer machen. Jetzt ist die „Panama" genauso Geschichte wie der „Südinger".

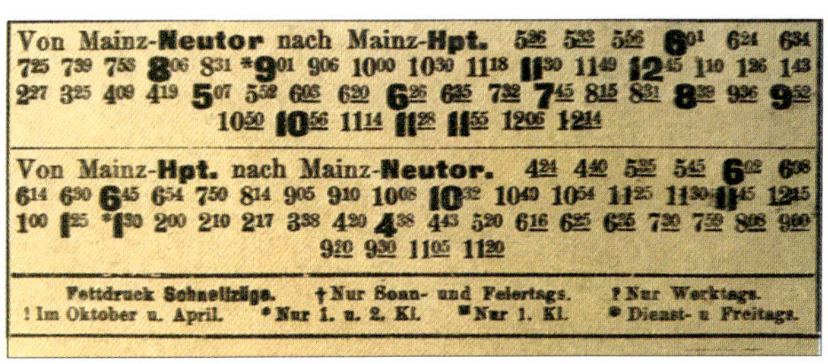

Von Mainz-**Neutor** nach Mainz-**Hpt.** 5^{26} 5^{33} 5^{56} 6^{01} 6^{24} 6^{34} 7^{25} 7^{39} 7^{58} 8^{06} 8^{31} *9^{01} 9^{06} 10^{00} 10^{30} 11^{18} 11^{30} 11^{49} 12^{45} 1^{10} 1^{26} 1^{43} 2^{27} 3^{25} 4^{09} 4^{19} 5^{07} 5^{52} 6^{05} 6^{20} 6^{26} 6^{35} 7^{32} 7^{45} 8^{15} 8^{31} 8^{39} 9^{26} 9^{52} 10^{50} 10^{56} 11^{14} 11^{28} 11^{55} 12^{06} 12^{14}

Von Mainz-**Hpt.** nach Mainz-**Neutor.** 4^{24} 4^{40} 5^{25} 5^{45} 6^{02} 6^{08} 6^{14} 6^{30} 6^{45} 6^{54} 7^{50} 8^{14} 9^{05} 9^{10} 10^{08} 10^{32} 10^{40} 10^{54} 11^{25} 11^{30} 11^{45} 12^{45} 1^{00} 1^{25} *1^{30} 2^{00} 2^{10} 2^{17} 3^{38} 4^{20} 4^{38} 4^{43} 5^{20} 6^{16} 6^{25} 6^{35} 7^{20} 7^{59} 8^{08} 9^{00} 9^{20} 9^{30} 11^{05} 11^{20}

Fettdruck Schnellzüge. † Nur Sonn- und Feiertags. ? Nur Werktags.
! Im Oktober u. April. * Nur 1. u. 2. Kl. * Nur 1. Kl. * Dienst- u. Freitags.

Der Bahnhof Mainz Süd mit der Halle von 1959 und der Kneipe. Fahrplan aus den 20ern.

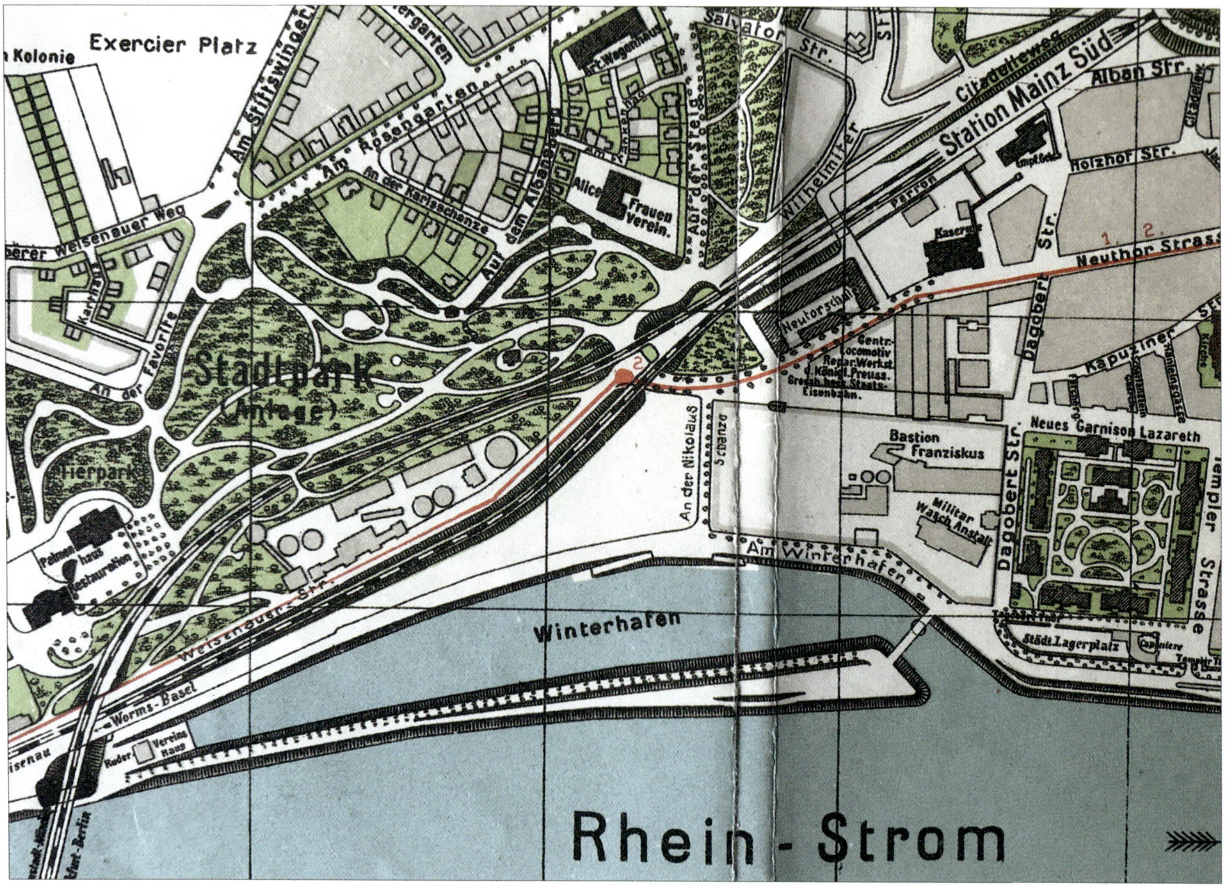

Stadtplan für die Kapitel 10 und 11. Rechts das Garnisonslazarett mit kleinem Park (heute Malakoff).

10 Zum „FRISEUSENBALL" ins „L'ES"

Von der Lampenfabrik zum Winterhafen / Bis in die 80er ist die Altstadt an einer Mauer zu Ende

Dort, wo bis 2017 in der Panama-Bar das Nachtleben bebt, findet sich 120 Jahre früher die Restauration Zum Neuthor. Ein gediegenes Lokal mit grün eingefasster Terrasse gegenüber dem Bahnhof. Dort verkehren Offiziere der benachbarten Neutor-Kaserne, Spaziergänger, die von der Neuen Anlage (Stadtpark) heimkehren oder Reisende mit Aufenthalt. Arbeiter der Lampenfabrik gehören sicher nicht zur Kundschaft.

Das 1899 erbaute Gebäude der Gasapparate- und Gusswerke ist einst neben Neutorkaserne und Lokwerkstätten (Römerschiffmuseum) der dritte massive Ziegelbau am Neutor. Die kleineren Hallen an der Westseite werden 1981 für die Altstadttangente abgerissen, aber die Lampenfabrik wird von der Handwerkskammer für ihr neues „Haus des Handwerks" gerettet. Und mehr noch: Mit den Neubauten zur Holzhofstraße und dem glasüberdachten Innenhof entsteht ein wunderbares Ensemble.

Eisen- und Bronzegießerei, Modellschreinerei, Lehrlingswerkstatt und Automatensaal sind in dem Bau einst untergebracht, der zur Neutorstraße eine hohe Eckabrundung mit einem spitzkegligen Turmhelm zeigt. 1932 brennt dieser ab, wird erst bei der sorgfältigen Restaurierung des Gebäudes um 2000 wiederhergestellt.

100 Jahre liegen liegen zwischen diesen Fotos aus gleichem Blickwinkel. Kehren einst gegenüber dem Südbahnhof Stadtparkausflügler ein, waren es in den letzten Jahren Nachtschwärmer. Doch die „Panama-Bar" ist auch längst Geschichte.

Nach dem Blick auf den barocken, auch im Inneren fast unversehrten Bürgerhof zu den drei Mohren linker Hand folgen wir der Dagobertstraße. Noch bis Anfang der 80er geht es hier immer an der Wand lang, denn bis zum Durchstich der Holzhofstraße zur Rheinstraße und dem Bau des Ibis-Hotels ist hier die Altstadt an einer Mauer zu Ende.

Bis in die 90er gibt es kaum einen Grund, von der Augustinerstraße her weiter als bis zum Eiscafé Weber am Graben zu gehen. Ausnahmen: „Beichtstuhl" und „Kamin" in der Kapuzinerstraße. Ist Ersterer traditionell, gehört der „Kamin" zu den ersten Lokalen in den 70ern, die für ein jüngeres Publikum gestaltet werden.

Vorher gehen auch junge Leute in normale Kneipen. Zum „Dimi" im Bleichenviertel, ins damals heruntergekommene „Goldstein" in der Kartäuserstraße oder in den „Augustinerkeller". Der „Kamin" ist anders: Ein großes offenes Feuer in der Mitte, um das man auf fellbezogenen Baumhockern sitzt, und alles ist

Ein Luftbild, auf dem das Spazierengehen lohnt: Unten entlang der Bahn einige Schuppen, darüber alte Werkstätten an der Lampenfabrik, die später der Altstadttangente weichen, dann der große Parkplatz, auf dem heute das CineStar-Kino steht und rechts unten die Neutor-Schule. Über der Schule wird 2021 das Römsich-Germanische-Zentralmuseum eröffnet, links davon die Markthalle/Römerschiffmuseum, daneben die Lkw-Niederlassung von Mercedes. Das Karree zum Rhein hin ist die Bereitsschaftspolizei-Kaserne, am Ufer das Wasser- und Schifffahrtsamt (heute Malakoff-Komplex).

intimer. Das Essen ist mehr als Weck, Worscht und Woi, Handkäs oder Senfbrot, hier ist alles französisch angehaucht. Ende der 70er bin ich dort oft auf eine Zwiebelsuppe, dick mit Käse überbacken.

Später kommt das „Oktan" an der Ecke dazu, ansonsten gähnt in dieser Ecke das große Nichts. Hinter der Mauer die Lkw-Werkstatt von Mercedes, an der Ecke zur Rheinstraße eine 50er-Jahre-Tankstelle, auch schräg gegenüber, wo heute das DB Cargo-Gebäude steht, eine Tanke mit Reifenhandel.

Der Winterhafen wird im 19. Jahrhundert angelegt, wobei Ort und Lage der Einfahrt ungünstig sind, denn durch die Strömung des gegenüber mündenden Mains, ist der Winterhafen stets versandet. Nach der Jahrhundertmitte wird hier entlang diese erste Mainzer Eisenbahn gebaut, die bis 1884 am Rhein entlang führen wird.

Besonders prächtig und auffällig ist einst das Ruderhaus des MRV, das auch eine besondere Geschichte hat. So muss sich der Mainzer Ruder-Verein von 1878 anfangs mit schwimmenden Bootshäusern begnügen, will aber zur Mitte der sportlich erfolgreichen 1890er Jahre an Land gehen und dort ein angemessenes Bootshaus errichten. Das ist vor den Wallanlagen ein Problem, denn im Vorfeld der Reichsfestung, hier vorm Neutor, darf nicht gebaut werden.

Von 1853 bis 1884 fährt die Eisenbahn in Mainz von Weisenau bis Mombach am Rhein entlang, der Centralbahnhof liegt am Holztor. Aufnahme um 1860, denn der Dom trägt noch die Mollerkuppel.

Das hölzerne Ruderhaus des MRV, erbaut dank des Fürspruchs des Kaisers höchstselbst, der die erfolgreichen Mainzer Ruderer schätzte.

Allerdings hat der MRV einen mächtigen Fürsprecher – Kaiser Wilhelm II. höchstpersönlich, aus dessen Händen die Mannschaft bei der Berliner Regatta 1895 den Kaiserpreis entgegengenommen hat. Er verwendet sich persönlich bei der zuständigen Reichsrayon-Kommission für den MRV und am 2. Mai 1897 wird das Bootshaus festlich eingeweiht. Dass es auf Order des Militärs ein Holzbau geworden ist, endet tragisch: Am 27. Februar 1945 brennt es wie eine Fackel. Auch alle Boote, Riemen, Skulls und Motorboote gehen verloren.

Nach dem Krieg gehört die Gegend bis zum Winterhafen Autowerkstätten, Schrottplätzen, kleinen Handwerksbetrieben, dort zeigt sich ein Durcheinander von Holz- und Wellblechschuppen, Baracken und kleinen Häusern. Dazwischen halbzugewucherte Gleise, auf denen eine Kleinlok alle paar Wochen einen Güterwa-

Lange noch führen Gleise zum Winterhafen, bedienen dort vor allem die Schrottplätze.

Achim Goebels Discothek L´Escalier direkt am Winterhafen ist über viele, viele Jahre die beliebteste Disco der Stadt.

gen mit Schrott oder Altreifen holt. Ein Abenteuerspielplatz für die Altstadtbuben.

Im 1865 eröffneten Winterhafen liegt Wattrins „Arche Noah", erst schwimmendes Restaurant im Rhein, dann Sauna, bis sie eines Tages sinkt. Lange liegt noch der Rest eines „Wäschbriggelsche", auf denen einst die Mainzerinnen im Strom ihre Wäsche waschen, in einer Ecke, aber das ist verschwunden. Anfang der 70er gerät die Gegend in Gefahr: Es gibt Pläne, den Winterhafen zuzuschütten, man denkt an eine Bundesgartenschau, an ein Luxushotel, Fernsehmuseum oder Bus-Parkplätze. Aber noch bleibt das Gelände verschont.

Ende 1980 eröffnet am Winterhafen 19 im früheren Bootshaus der Ruder-Gesellschaft das „L'Escalier" von Jürgen Bälz und Achim Goebel. Es ist die Mainzer Disco schlechthin der 80er und 90er, in der die Miss Mainz gewählt wird, die Meenzer Hautevolee reinschaut, die 05er – fast alle mit Oberlippenbärtchen – ihre Auf- und Abstiege begießen und eine Zeit lang Pierre Stadelmann das Bistro führt. Sonntagabends geht Mann ins „L'Es" zum „Friseusenball", wenn die Mädels in ihren freien Montag tanzen.
Damals ein bisschen schummrig, ist heute am Winterhafen alles clean, fast aseptisch und ein bisschen leblos. Schöner Wohnen für jene, die es sich leisten können. Sogar ein Scheich soll hier ein Haus haben, um einmal im Jahr vorbeizuschauen.

Und bald gibt es auch Ärger, denn mancher Edelanwohner fühlt sich gestört durchs KUZ. Seit 1981 ist die alte Garnisonswaschanstalt von 1888 Mittelpunkt für alle, die keine Lust auf „L'Es" und Ähnliches haben. Lesungen, Theater oder die legendären Perfect Beat-Partys finden hier statt und viele Konzerte. Sogar Fanta 4 und Die Ärzte haben hier gespielt. Nach Sanierung und Umbau ist das KUZ wieder offen, ob es aber jemals wieder den Charme alter Zeiten entwickelt?

Heute ist der Winterhafen ein Quartier für Edel-Bewohner.

Nochmals ein Blick in die Dagobertstraße und die Kreuzung mit der Neutorstraße, rechts die Lampenfabrik.

Die Sportler des Mainzer Rudervereins (MRV) sind schon in der Kaiserzeit bei den großen Regatten zuhause, können immer wieder aus den Händen des Kaisers oder anderer Hohenzollern Preise entgegennehmen.

Das Empfangsgebäude des Centralbahnhofs liegt an der Rheinstraße schräg gegenüber des Holzturms.

11 BAHNHOF, LAZARETT, BORDELL und POLIZEIKASERNE

Das Gelände des heutigen Malakoff-Zentrums hat eine wechselhafte Geschichte

Kein anderes Gelände in Mainz hat in nur 150 Jahren so viele Häutungen erlebt wie jenes des heutigen Malakoff-Parks. Wo man nun durch die Passage flaniert, auf der Terrasse sitzt oder vom Hyatt auf den Rhein blickt, finden sich nacheinander Lagerplatz, Centralbahnhof, Festungslazarett und Bereitschaftspolizeikaserne. Seit 1997 steht hier nun der großzügige Hotel- und Geschäftskomplex, in den ein Festungsbauwerk aus dem 19. Jahrhundert, das sogenannte Fort Malakoff, integriert ist.

Das Rheinufer verläuft bis ins 19. Jahrhundert unbefestigt jenseits der Stadtmauer, doch der Rhein, die alte Transportader, bringt der Stadt nicht mehr viel. Mit der Rheinschifffahrtsakte von 1831 verliert die Stadt ihr Stapelrecht, kein Schiffer ist mehr gezwungen, hier seine Waren feilzubieten. Die Schifffahrt meidet Mainz nun regelrecht, weil die Zölle so hoch sind und noch schlimmer: Seit 1840 Kastel Zwischenstation der Taunus-Eisenbahn Frankfurt-Wiesbaden ist, gehen Mainz noch zusätzlich Waren und auch Reisende verloren.

Derweil platzt die Stadt aus allen Nähten, aber es dauert noch viele Jahre, bis auch in Mainz die Eisenbahn vor den Toren der Stadtmauer steht. Der Platz ist knapp in der eingeschnürten Festung, die einzige Möglichkeit ist, am Rhein bis zum Schloss hin Gelände aufzuschütten. Und so liegt der erste Hauptbahnhof, damals Centralbahnhof, am Ufer.

Im August 1853 wird der erste Bahnhof in Mainz, damals Centralbahnhof genannt, eröff-

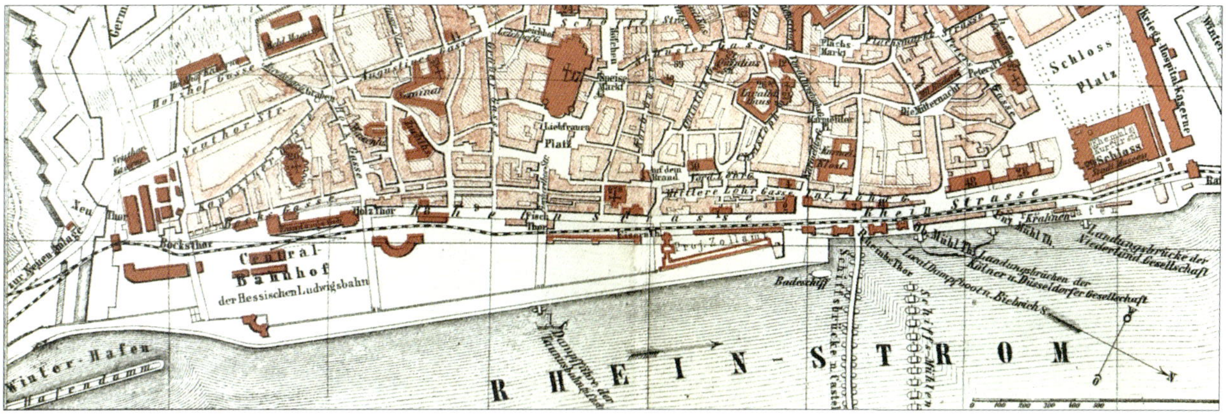

Dieser Stadtplan aus den 1870er Jahren zeigt unten sehr schön die Ausdehnung des Centralbahnhofs bis fast zum Eisenturm und die weitere Gleisführung entlang der Rheinstraße und vorbei am Schloss.

net. Das Empfangsgebäude steht zwischen der Hänleinsgasse und dem Holzturm und schon 1854 gibt es eine Verbindung via Ludwigshafen und Saarbrücken nach Paris – in 17 Stunden gegenüber zehn Tagen mit der Postkutsche.
Auch Wilhelm I., der 1870 von Mainz in den Krieg gegen Frankreich zieht, macht 1871 nach Sieg, Reichsgründung und Entgegennahme der Kaiserkrone bei seiner Heimfahrt hier Station. Auf dem Bahnsteig wird ihm Wein gereicht aus einem von den Bürgern gestifteten Prunkpokal. Dieser ist nach verschlungenen Wegen und einer Auktion bei „Bares für Rares" im ZDF seit 2017 wieder in Mainz – im Stadthistorischen Museum auf der Zitadelle.
Die Bahnhofsgleise reichen über das gesamte heutige Malakoff-Areal bis zum Ufer und nordwärts bis zum Fischtorplatz. Der Schienenstrang nach Bingen führt dann entlang der Rheinstraße, an den großen Hotels, Zeughaus, Deutschhaus und Schloss vorbei und in Höhe der Kaiserstraße durch die Umwallung nach Norden.
Als 1884 die Hessische Ludwigsbahn mit einem langen Tunnel um die Stadt herum gelegt wird, entsteht auf dem Bahngelände ein neues Viertel. Und exakt auf dem Karree des heutigen Malakoff-Parks erbaut die Festungsverwaltung das Garnisonslazarett. Eine großzügige Anlage mit Park, die später auch die französischen Besatzer zwischen 1918 und 1930 nutzen.
Nach dem Zweiten Weltkrieg hat auch das Fort Malakoff (genauer gesagt ist es eine Kaponniere) eine wichtige Funktion für die Besatzungsmächte – als Soldatenbordell.
Hintergrund ist, dass auch nach der Beset-

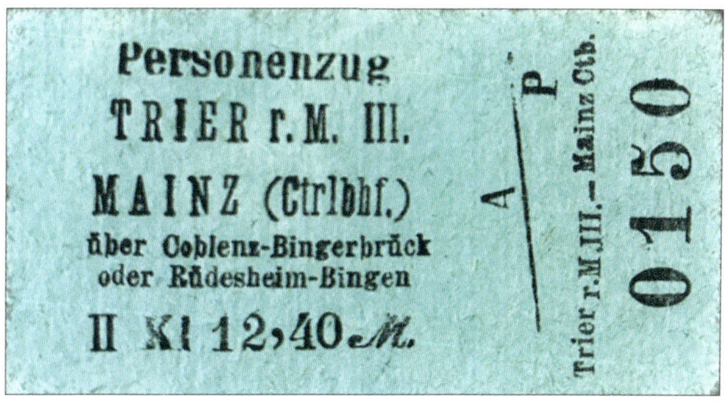

Die Bahnsteighalle des alten Bahnhofs, Blickrichtung Südbrücke. Die Fahrkarte 2. Klasse für die Polsterabteile können sich nur Besserverdiener leisten, alle anderen fahren auf Holzbänken 3. oder 4. Klasse.

Bei seiner Heimfahrt vom deutsch-französischen Krieg macht der frischgekürte Kaiser Wilhelm I. in Mainz Station.

zung und dem Durchzug der US-Kampftruppen Ende März '45 noch lange sehr viele Soldaten in der Stadt sind. Es sind vor allem US-Pioniere des 718. Railway-Operating-Battalion und dem 333. Engineer-Special-Service Regiment, die die Eisenbahnbrücke im Süden, ein Straßenprovisorium auf den Trümmern der Heuss-Brücke, eine weitere Eisenbahnbrücke und schließlich die Brücke von der Kaiserstraße nach Kastel bauen.

Weil sich in der total zerstörten Stadt keine Unterhaltung für die Soldaten bietet, nur ab und an Fronttheater oder Militärbands im Capitol-Kino am Neubrunnenplatz gastieren,

Nachdem 1884 die Bahn auf ihre heutige Trasse zieht, entsteht anstelle des alten Bahnhofs das Garnisonslazarett.

entschließt sich der Stadtkommandant schließlich, eine horizontale Truppenbetreuung zu erlauben. Im Fort „richteten sich die Damen ein", schrieb einmal der Mainz-Historiker Heinz Leiwig. „Diese Institution schien einen guten Ruf zu haben, denn es kam immer häufiger in der Uferstraße und der Templerstraße zu regelrechten Verkehrsstauungen", wie Leiwig in seinem Buch „Mainz 1933-1948" augenzwinkernd formuliert.

In den 50er-Jahren entsteht hier die Kaserne der Bereitschaftspolizei und am Ufer, neben der Kaponniere, die Wasser- und Schifffahrtsdirektion. Nachdem die BePo in die neue Unterkunft in Hechtsheim gezogen ist, wird es im Sommer 1989, als Ungarn die Grenzen öffnet, nochmal lebendig. Erst werden die DDR-Flüchtlinge in der Turnhalle, dann in den Kasernenstuben untergebracht. Und auch wenn es Mainzer und Mainzerinnen gibt, die den deutschen Flüchtlingen die Hilfen neiden, sind die meisten hilfsbereit.

Aber die Tage der Kaserne sind gezählt, die

Die Damen des Bordells im Fort Malakoff kündigen um 1946 auf Französisch und Englisch ihren Umzug in die Jakobsbergerstraße 12 an.

Stadt will einen wirtschaftlichen wie städtebaulichen Akzent setzen. Sie kauft dem Land das Grundstück für 33 Millionen DM ab, um es der Grundstücksverwaltungsgesellschaft Fort Malakoff Mainz mbH & Co. KG, einer Immobilienholding von Siemens, für 13 Millionen DM zu verkaufen – mit der Bedingung, dass dort ein Büro-Geschäftskomplex und eine Tiefgarage für 800 Autos für ein Vertriebs- und Schulungszentrum von Siemens/Siemens Nixdorf Informationssysteme gebaut wird.

Erst Bahnhof, dann Garnisonslazarett und nach dem Krieg Kaserne der Bereitschaftspolizei.

Das führt zu einem EU-Verfahren wegen illegaler Beihilfe und die Kommission bestätigt: Die Stadt hätte fünf Millionen DM mehr für das Grundstück fordern müssen: „Die Beihilfe ist als ad hoc-Investitionsbeihilfe einzustufen, die dazu dient, die Kosten für die Errichtung des Siemens-Schulungszentrums zu verringern." 1996 verurteilt die EU-Kommission Deutschland, die Beihilfe zurückzufordern.
Siemens-Nixdorf lässt bald von seinen Plänen ab, aber 1997 wird der Fort Malakoff Park mit Geschäften, Gastronomie, Büros und 5-Sterne-Hyatt eröffnet. Die Ladenpassage ist von vielen Wechseln geprägt, und es dauert lange, bis die Mischung stimmt. Doch städtebaulich ist das Malakoff ein Glücksgriff. Auch weil sich der Komplex mit der vorgelagerten Terrasse zum Rhein hin öffnet und dem Ufer dort Leben einhaucht.

Das Hyatt-Hotel schließt sich an das Fort Malakoff an (links) und wo einst die Uferstraße zwischen Bereitschaftspolizei und Fort entlangführt, ist heute die Lobby des Hyatt-Hotels (rechts)..

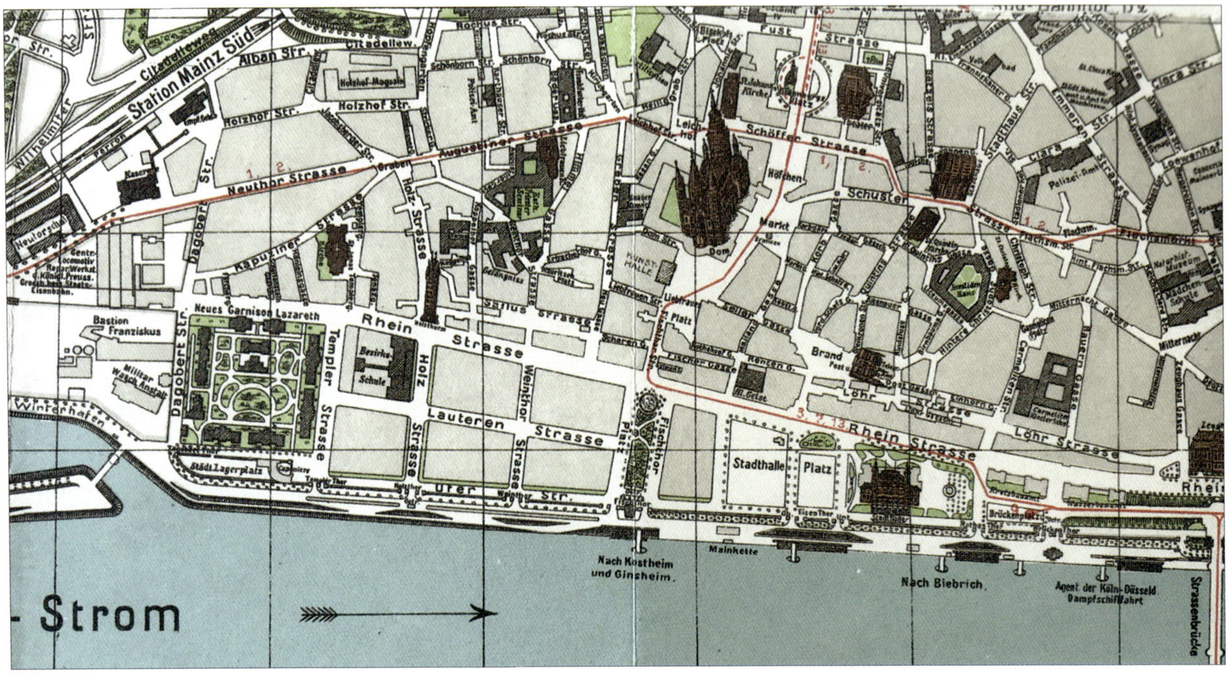

Stadtplan für die Kapitel 12 bis 14. Zwischen Rheinstraße und Rhein liegt das Lauterenviertel.

12 BOMBENTOD im Frieden

Das Lauterenviertel wird im Krieg hart getroffen, die schlimmste Katastrophe ereignet sich aber danach

Von wegen gute alte Zeit: Nach 1870 ist Mainz die dichtest besiedelte deutsche Stadt. Auf einem preußischen Morgen, knapp 330 Quadratmetern, leben in Darmstadt 24, in Hamburg 65 und in Köln 71 Einwohner – in Mainz 89 mit allen Folgen wie Elend, Seuchen, hoher Kindersterblichkeit. Das Festungskorsett schnürt die Stadt ein und die Fläche davor ist als Bauland tabu. Das Militär beharrt auf freiem Schussfeld.

Einzige Möglichkeit zur Ausdehnung – das Rheinufer. Christian Lauteren, Weinhändler und Präsident der Handelskammer, fordert das schon in den 1850ern, und in den nächsten Jahrzehnten wird zwischen Neutor im Süden und den Schiffsmühlen am Zeughaus Land aufgeschüttet. Bis zum Fischtorplatz dehnt sich die Ludwigsbahn aus, aber als die 1884 auf die heutige Strecke verlegt wird, entsteht hier ein Wohngebiet. Zu Ehren des Ideengebers trägt eine Straße seinen Namen und schließlich das ganze Areal – Lauterenviertel.

Im Kern reicht es von der Templer-, über Holz- und Weintorstraße bis zum Fischtorplatz und von der Rheinstraße über die Lauterenstraße bis zur Uferstraße. Ein bürgerliches, am Rhein großbürgerliches Viertel in der architektonischen Vielfalt wilhelminischer Tage, aber die Bomben zerstören viel. Das Lauterenviertel trifft es schlimm, denn die Geschwader queren meist diagonal von Nordwesten nach Südosten über Mainz und verlassen hier die Innenstadt über den Rhein, um den Wendepunkt Hof Schönau bei Rüsselsheim anzusteuern.
Die Front des Viertels an der Rheinstraße ist schon 1942 schwer getroffen, wird später praktisch ausgelöscht, die Weintorstraße, weite Teile der Holzstraße ebenfalls und die Templerstraße ist bis auf einen Hausrest komplett zerstört. In der Lauterenstraße sind zum Fischtorplatz hin einige schöne Mietshäuser erhalten und es gibt auch Gebäude, bei denen nur das Erdgeschoss geblieben ist.
Wohltuend dagegen die Uferstraße. Schon die

Das Lauterenviertel etwa Ende der 20er. Links das Garnisonslazarett mit schönem Park, am Rheinufer die schwimmenden Badeanstalten.

Von rechts nach links die Lauterenstraße, die hier von der Weintorstraße gekreuzt wird. Viele Gebäude sind hier nicht geblieben.

Schön erhalten sind viele Häuser in der Uferstraße. Nachdem der Krieg die Dachlandschaften weggebrannt hat und lange nur provisorische Dächer zu sehen waren, kann sich die Zeile heute sehen lassen.

Nr. 3 gegenüber dem Hyatt, ein strahlend roter Backsteinkubus mit 30er-Jahre-Malereien im Mezzanin, ist ein Hingucker. Und auch wenn es Bombenlücken gibt, bietet die Straße ein durchaus geschlossenes Bild: viergeschossige Mehrfamilienhäuser (Nr.17/19, 23, 27 oder 31), dazu niedrigere Einfamilienhäuser (Nr. 41-45, 47-49). Diese fünf Häuser haben durch Brandbomben ihre Dachlandschaft verloren, die erst in den letzten Jahren in moderner Interpretation der alten Mansardendächer neu entstanden sind.

In der Holzstraße haben einige wenige Häuser die Bomben überstanden – doch die größte Nachkriegstragödie ereignet sich dort am 13. November 1945. Die Holztor-Schule von 1891 ist im Krieg so schwer getroffen worden, dass nur noch der Ostflügel genutzt wird, und auch der ist einsturzgefährdet. Deshalb sind im November die meisten Schüler in die Neutor-Schule umquartiert und die zwei verbliebenen Mädchenklassen sollen bald folgen ... Nur eine Klasse schafft es beim Einsturz nach draußen, in der anderen sterben 18 Schülerinnen, eine Lehrerin und der Rektor.

Im Lauterenviertel gibt es Hinterhöfe, die noch nicht entkernt sind, mit früheren Werkstätten und Nachkriegsprovisorien. Und in einer Einfahrt in der Weintorstraße liest man einen sechszeiligen Gruß aus der Nachkriegszeit: „Neu blüht das Leben aus Ruinen - dem kann dies Haus als Zeuge dienen ..." Er stammt vom 24. Dezember 1955 und man kann sich das Glück der Neubewohner vorstellen, als sie inmitten dramatischer Wohnungsnot an Heiligabend ihr Daheim beziehen können.

Gegenüber der Einfahrt findet sich die „Taverna Naxos", eines der ältesten griechischen Lokale der Stadt, im Haus der Verbindung Rheno-Palatia Breslau zu Mainz. 1900 in der schlesischen Metropole gegründet, gehört sie zum Farben tragenden nichtschlagenden Cartellverband Katholischer Deutscher Studentenver-

Die Holztor-Schule gehörte zu ihrer Bauzeit um 1890 mit der Fürstenbergerhofschule zu den wenigen Bildungseinrichtungen, die über Bäder für die Schüler verfügten.

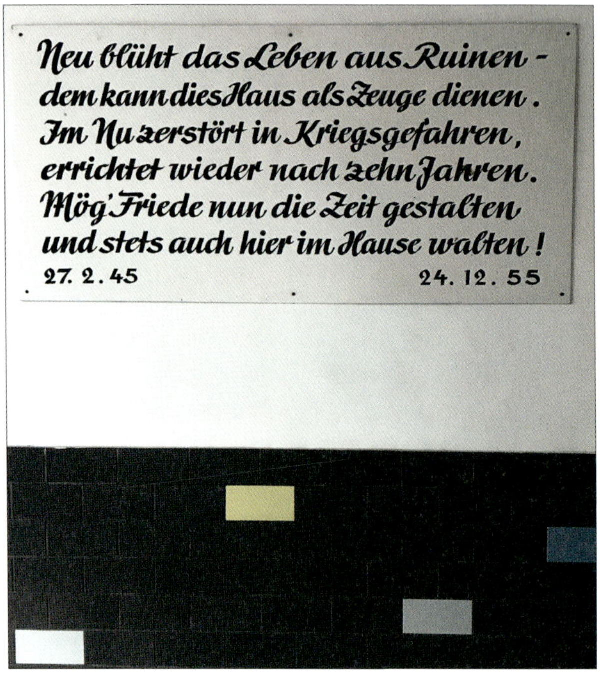

Schöne Inschrift in einer Einfahrt in der Weintorstraße.

bindungen. Nachdem sich die Rheno-Palaten 1936 lieber auflösen, anstatt sich von den Nazis gleichschalten zu lassen, haben sie nach der Inbesitznahme Schlesiens durch Polen 1945 für den Neuanfang eine neue Heimat suchen müssen.

Nach der Neugründung 1947 wird Rheno-Palatia in Mainz ansässig. Bischof Stohr unterstützt die CV-Verbindungen, aber es ist eine schwere Zeit, denn die Universitäten, auch die Mainzer, untersagen das Farben tragen, und überhaupt stoßen die Verbindungen auf große Ablehnung. Die Weintorstraße 21 ist kein Vergleich zum Verbindungshaus auf der schönen Breslauer Sandinsel (heute ein Hotel) und doch finden die Rheno-Palaten hier eine neue Heimat.

Die Holztor-Schule. Hier Blick von der Rheinstraße auf den Schulhof, ist am 13. November 1945 Schauplatz einer großen Tragödie, als der noch verbliebene Ostflügel einstürzt und eine Mädchenklasse unter sich begräbt.

Rechts die Lauterenstraße, die in ihrem Abschnitt zum Fischtorplatz hin noch sehr schöne Altbausubstanz zeigt.

Die Dampfbahn kommt aus Finthen-Gonsenheim via Münchfeld oder aus Hechtsheim via Zahlbach am Fischtorplatz an.

13 RHEINSTRASSE – Die stinkende Schlagader

Erst seit 1934 für den Durchgangsverkehr fertig / Erinnerungen an die BP-Tanke

Die Rheinstraße gehört zu den Schlagadern des Mainzer Verkehrs und doch ist sie mit gerade 85 Jahren seit ihrer Vollendung eine der jüngeren. Jahrhundertelang gibt es in Mainz nicht eine einzige gradlinige Nord-Süd-Verbindung, worüber der französische Dramatiker Saintine 1850 spottet: „Für Leute, die Angst vor geraden Linien haben, ist Mainz ein unvergleichlicher Aufenthalt. Die Straßen sind eng gewunden und hören jäh auf ..."
Fuhrwerke, die damals die Stadt gen Süden verlassen, rumpeln durch Augustinerstraße und Hundsgasse (ab 1857 Neutorstraße) gen Weisenau. Die Rheinstraße gibt es nicht, sondern einen holprigen, unbefestigten Fahrweg vor der Stadtmauer zu den Lagerplätzen am Ufer.

Der Holzturm um 1880. Im Vordergrund liegen noch die Gleise der Eisenbahn, hinten links das Löhr'sche Haus und daneben das Bärenbräu.

Die Geschichte der Rheinstraße beginnt nördlich – mit dem Tourismus. Denn als 1827 erstmals ein Raddampfer festmacht und gegenüber dem Anleger Hotels entstehen, benötigt man eine Straße. Die führt erst nur bis zum Fischtor, später zum Holztor und nach

Blick vom Fischtor stadtauswärts. Rechts ein herrlicher schmiedeeiserner Balkon, der erst in den 60er Jahren abgerissen wurde. Auf der Fahrbahn die Gleise der Dampfbahn.

der Verlegung der Eisenbahn 1884 bis zur Dagobertstraße. Da ist Schluss, wer südwärts will, muss zur Neutorstraße abbiegen. Erst 1934 kommt der Durchbruch zur Weisenauer.

Wer alte Fotos betrachtet, sieht Kopfsteinpflaster, auf dem auch mal Pferdeäpfel liegen, spärlichen Verkehr, während sich heute ein Abgrund von Stau, Gestank und Lärm auftut. Man fragt sich unweigerlich, wie die Bewohner je die Fenster öffnen können.
Von der Altbebauung lässt der Krieg im südlichen Teil nichts übrig und in den 50ern werden rasch Häuser hochgezogen; teils sechsgeschossig, einige mit Kastenerkern, andere mit kleinen Austritten, sonst schmucklos.
Das einzige Haus, das herausragt, das gar in der Denkmaltopografie erwähnt wird, ist ein Wohngebäude von 1953 mit anschließendem Malerbetrieb zwischen Neutor- und Rheinstraße mit breiter Front zum Zusammenfluss der beiden Straßen. Gestalt, Farbigkeit und Ornamente stehen in der Tradition der 20er-Jahre, in denen der Architekt Christian Musel bereits in Mainz tätig ist – doch trotz der Bedeutung für die frühen 50er wird das Haus beseitigt; hier entsteht das neue Römisch-Germanische Zentralmuseum.
Dafür steht neben dem Holzturm noch einer

Der Holzturm nach Wiederherstellung Anfang der 60er zwischen Trümmerbrachen und öden Wohnblocks. Schön Mercedes LP 329 Pritsche und die Opel Rekord P2

der fragwürdigsten Nachkriegsbauten – das Nebengebäude der Fachhochschule. Ein abweisender Bau mit massivem Sockel, zwei Stockwerken mit hohen Wänden und nur schmalen Fensterbändern. Die Blechverkleidung ist angeschmuddelt, da hebt auch der Naturstein am Sockel, der zur benachbarten mittelalterlichen Stadtmauer überleiten soll, die Wirkung nicht.

Wo nun bis zur Weintorstraße ein Neubau wächst, steht einst eine der bekanntesten Mainzer Tankstellen. Die BP-Station hat nachts länger als die meisten geöffnet und hier gibt es auch eine der ersten Mainzer Videotheken, die nicht die damals übliche horrende Club-Gebühr verlangt. Und so ist die BP dort gerade an Wochenenden spätabendlicher Treff. Aber die

Tanke schließt um 2000 und rottet über ein Jahrzehnt vor sich hin.
Die BP ist eine der letzten Klein-Tankstellen des Autobooms der Wirtschaftswunderzeit. Für diese nutzt man damals jede kleine sich bietende Fläche. Ob hier auf dem schmalen Streifen vor der Stadtmauer, auf einer weggebombten Boppstraßenecke oder auf dem einst etwas breiteren Mittelstreifen der Parcusstraße am Alicenplatz – überall entstehen Tankstellen. Sie verschwinden ab Mitte der 70er, weil sie zu klein sind und Umweltschutzumbauten sich nicht lohnen.
Zwischen Fischtorstraße und Eisenturm haben einige Häuser den Krieg überlebt, durchaus in ordentlichem Zustand, aber dann kommt der Sündenfall der 70er. Die Nr. 33, das Eckhaus zur Fischtorstraße, wird durch einen gesichtslosen Neubau ersetzt, nur die alte Sandsteinsäule mit historischer Hochwassermarke, die einst einen schönen gusseisernen Eckbalkon trägt, wird integriert. Die Rheinstraße 43, einst Hotel Germania, ereilt dasselbe Schicksal, dafür entsteht später der Komplex um das Hotel Stadt Koblenz, der zwar historisch daherkommt, es aber mitnichten ist.

Am Fischtorplatz in den 30ern. Auf der Karte, die 1943 an die Front geht, steht traurig: „... wie es war."

Blick Ende der 50er Jahre über den Halleplatz zur Rheinstraße, deren Gebäude sehr vereinfacht wieder aufgebaut wurden. Schön der Mercedes 319-Bus mit Dachrandverglasung, der 57er Oldsmobile Golden Rocket und angeschnitten der 55er Chevrolet Bel Air.

Der Mittelbau ist bis auf einige Bauteile eine Rekonstruktion, der Eckbau zur Rathausbrücke hin sogar eine Erfindung, wenn auch in Anlehnung an ein historisches Gebäude 200 Meter südlich. Die Mainzer und Mainzerinnen sind wirklich freizügig in Sachen baulicher Historie, aber schön ist der Komplex dennoch. Wenn er am Rande des Verkehrsstroms auch anachronistisch wirkt.
Dabei könnte all der Gestank und Lärm zumindest hier längst der Vergangenheit angehören. Denn Ende der 60er-Jahre gibt es Pläne, die Nord-Süd-Achse als Tunnel vom Hilton bis zum Holzturm zu führen. Aber mit dem Abflauen der Wirtschaft wird für solcherlei Projekte das Geld knapp.

„Zur Bauernschänke“, Rheinstraße 27, Ecke Heugasse. Eine Binding-Kneipe, während sonst in Mainz noch die Aktienbier-Brauerei regiert. Noch. Bald wird die MAB aufgekauft. Von Binding.

Gründerzeitliches Eckhaus zur Weintorstraße. Wenn der Fotograf kommt, will jeder auf dem Bild sein.

Einmündung der Fischtorstraße Ende der 50er. Das Haus links mit dem schönen schmiedeeisernen Balkon hat den Krieg überstanden, wird aber bald abgerissen, nur die Säule mit den eingekerbten Hochwassermarken ist heute noch dort. Auf der Straße Käfer der 50er, VW T1 Transporter und Opel Rekord P1 , über der Kreuzung eine Heuer-Ampel, die mit Zeigern arbeitete.

Fischtorplatz Ende der 20er. Die Kaponniere unten muss bald für das Stresemann-Denkmal weichen.

14 Die Pracht der GRÜNDERZEIT

Der Fischtorplatz hat als Ensemble den Krieg überlebt / Allerlei Denkmale

Nicht viel hat überlebt vom großbürgerlichen Mainz der Gründerzeit. Die Kaiserstraße zerbombt, der Feldbergplatz und die meisten Stadtvillen der Neustadt auch. Einzelnes hat hier und da überlebt, aber als Ensemble nur der Fischtorplatz.

Kaum, dass die Eisenbahn verschwunden ist, entsteht von 1886 bis 1889 die gesamte Platzbebauung. Bauherren sind etwa ein Bäckermeister (Nr. 16), ein städtischer Orchestermusiker (Nr. 20), ein Fruchthändler (Nr. 22), der noch in der Bauzeit an einen Weinkommissionär verkauft, weitere Kaufleute, ein Kommerzienrat (Nr. 13-17), ein Architekt, ein Arzt (Nr. 19) und Franz Gastell (Nr. 23), Mitinhaber der Waggonfabrik in Mombach. Sein dreiseitig frei stehendes Eckhaus zur Uferstraße wird von Philipp Berdellé erbaut, 1884 Schöpfer des Hauptbahnhofs.

Anfang der 30er beziehen Isidor und Hedwig Reiling die erste Etage, ein jüdisches Ehepaar, das eine Kunst- und Antiquitätenhandlung am Flachsmarkt 2/4 besitzt und eine berühmte Tochter hat: Netty – besser bekannt als Anna Seghers. 1940 „arisieren" die Nazis den Laden, dann erliegt Isidor Reiling einem Schlaganfall und Ehefrau Hedwig wird gezwungen, in die Taunusstraße 31, ein sogenanntes Judenhaus, zu ziehen. 1942 wird sie mit 450 Mainzer Juden und Jüdinnen ins Ghetto Piaski deportiert und ermordet. Ein Stolperstein erinnert an sie.

Lange beschließt eine Kaponniere den Fischtorplatz zum Rhein, ein Festungsbauwerk, dessen Bautyp noch am Feldbergplatz zu finden ist. 1930 muss sie dem Ehrenmal für Reichsaußenminister Stresemann weichen, der den

Der Platz um 1900, aus dem Ensemble fehlt heute nur ein Haus.

Das Denkmal für den früheren Außenminister Stresemann, dessen Versöhnungsarbeit zum vorzeitigen Abzug der Franzosen 1930 führt.

Franzosen den vorzeitigen Abzug abgerungen hat. Er stirbt 1929, aber Mainz und das befreite Rheinland erbauen ihm eine Ehrenhalle in Muschelkalk und Marmor. Sie wird 1931 eingeweiht, über eine Million Besucher kommen im ersten Jahr, aber den Nazis ist Stresemann ver-

Das Mahnmal Deutsche Einheit von 1961 erinnert auch an die verspielten Ostgebiete.

hasst. Erst wollen sie das Ehrenmal als Toilette entweihen, 1935 reißen sie es ab.
Doch Stresemann ist nicht vergessen. 1954 regt ein privater Kreis eine neue Gedenkstätte an, nun als „Europa-Haus", wofür das zerbombte Zeughaus aufgebaut werden soll. Adenauer, Dehler und Ollenhauer setzen sich ein, 1,2 Millionen Mark werden gesammelt – aber das Land okkupiert das Projekt, will mit über der Hälfte des Geldes eine neue Staatskanzlei im Zeughaus bauen. Als die Geldgeber protestieren, droht das Land: Ohne das Geld bleibe das Zeughaus Ruine, die Gedenkstätte Theorie. Das Geld fließt und so kann Ministerpräsident Altmeier 1960 den Bassenheimer Hof am Schillerplatz verlassen.

Was vom Gedenkort bleibt? Im Stresemannsaal tagt das Kabinett unter Tafeln mit Zitaten von ihm, Briand, Chamberlain – aber sonst? Wer weiß noch von diesem „Europa-Haus"?

Doch zurück zum Fischtorplatz, wo es weitere Gedenkorte gibt: Am Ufer das Ehrenmal für die Gefallenen des 1914 versenkten Kreuzers „SMS Mainz" und auf der Wiese das Mahnmal Deutsche Einheit von 1961. Beide kommen ab und an von links unter Beschuss: Das Kreuzer-Denkmal, weil es 1939 erbaut wird, das Einheitsmahnmal, weil es auch Namen ost- und westpreußischer, schlesischer und pommerscher Städte wie Königsberg, Danzig, Breslau oder Stettin trägt. Die Grünen wollten es gar abbauen lassen.

Auch der Fischtorplatz wird im Krieg getroffen. So sieht man beim Blick auf die spiegelsymmetrischen Häuser Nr. 13 und 17, dass das mittlere Gebäude fehlt. Ansonsten gibt es Einschläge auf dem Platz, deren Luftdruck alle Fenster und Türen zerstört, das Gebälk aus den Fugen hebt – und dennoch: Der Fischtorplatz hat überlebt, was auch dazu führt, dass die Besatzer manche Häuser für sich beanspruchen. In die Gastell-Villa kommt eine US-Dienststelle.

Auch nach dem Ersten Weltkrieg wird requiriert. Damals ziehen die Franzosen ins Erdge-

Beim Blick vom Wasser aus sieht man gut das Stresemann-Denkmal, das 1935 von den Nazis abgerissen wurde.

schoss der Nr. 22 mit einem „District-Bureau" oder Kommandantur der französischen Besatzungsarmee ein. In einem Schuppen im Innenhof, den es noch gibt, soll es auch Prügel gesetzt haben.

Die Nr. 22, ein Eckhaus, ist seit 132 Jahren Eigentum der Familie Kullmann und hat eine sensible Restaurierung erfahren. Zur Uferstraße sind Klinkerfassade und Sandsteinelemente sandgestrahlt und erneuert, am Fischtorplatz stehen diese kostenintensiven Arbeiten noch aus. Auch das Vestibül wie vieles im Haus zeigt viel von der alten Schönheit: So sind die Bodenfliesen von Villeroy & Boch original und die Wandfresken werden 2006 freigelegt. Eine Arbeit, die die Denkmalpflege prämiert.

Zur Bauzeit plant man in der Nr. 22 ein Restaurant mit Terrasse zur Uferstraße, dessen Pläne noch existieren. Sie werden verworfen, wie überhaupt die Gastronomie am Platz kaum eine Rolle spielt – mit Ausnahme der Ecke zur Lauterenstraße, wo es einst im Souterrain die legendäre „Zwiebel", ein typisches 70er-Lokal für junge Leute, gibt.

Ein bisschen rummelig ums großbürgerliche Idyll wird es vor allem dann, wenn zur Johannisnacht auf dem Platz die Kirmes lärmt. Als die Stadt hier aber einen Weinstand etabliert, regt sich Protest. Nicht der Stand selbst ist das Problem, sondern manche Zecher, die Vorgärten und Wände als Urinal missbrauchen. Nun ist der Stand weitergezogen in Richtung Rathaus und Ruhe ist wieder eingekehrt.

Um 1910 mit Kaponniere und Wäschbriggelsche, links die alte Gastell-Villa, rechts eine Kopfkonsole, die am Haus Nr. 16 den Kastenerker trägt.

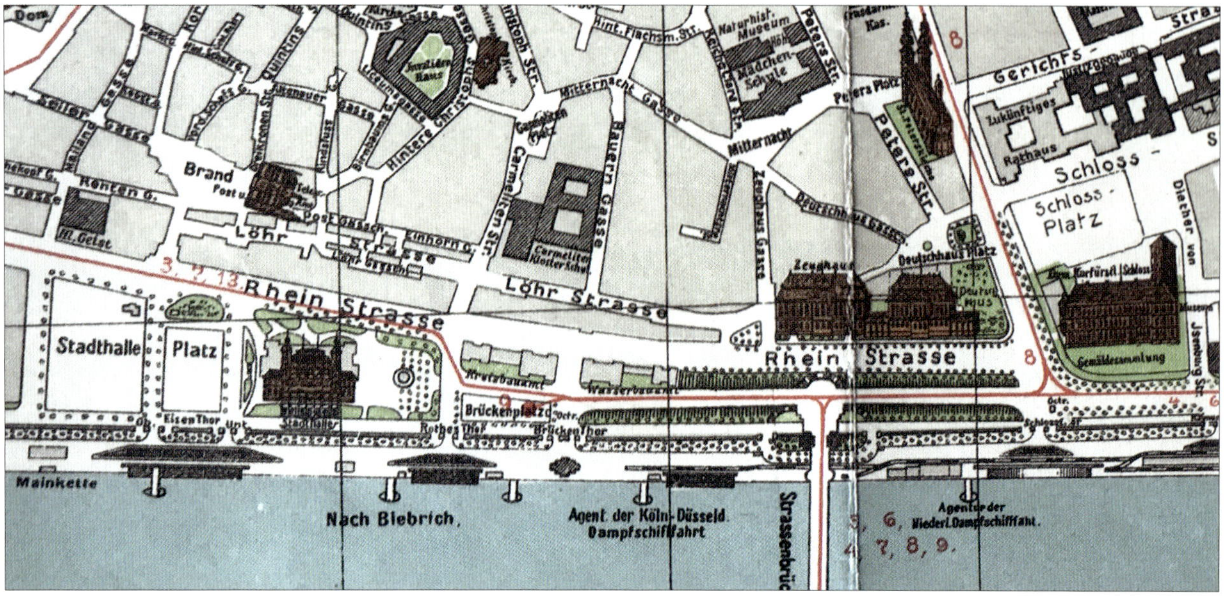

Stadtplan von 1925 für die Kapitel 15 bis 19. Oben rechts ist auf dem Schlossplatz schon das neue Rathaus eingeplant.

15 Die Einsamkeit des EISENTURMS

Der nördliche Teil der Rheinstraße: Vornehme Hotels und die Gut Stubb

Es gibt kaum ein traurigeres historisches Gebäude in Mainz als den Eisenturm. Grell geschminkt, fröstelt er einsam zwischen viel Asphalt und noch mehr Beton. Ein freudloses Dasein, denn wenn sich der stolz und hoch aufschießende Turm umschaut, ist er fast der letzte Überlebende der Nachbarschaft. Die edle Stadthalle, die feinen Hotels, die Häuschen der Löhrstraße zu seinen Füßen - weggebombt. Und der Nachkriegsaufbau hat es nicht gut gemeint mit dem oberen Teil der Rheinstraße. Heute hat die Rheinstraße hier bis zu sieben Spuren und die Quintinsstraße ist der öde Hinterhof des Brand-Zentrums.

Die heutige Quintinsstraße ist ein Kriegskind, denn all die Jahrhunderte davor endet die schluchtartige Gasse, die gerade einen Wagen breit ist, auf dem Brand, dem alten Kern der Stadt. Der schwere Angriff 1942 fegt alles weg, Anfang der 50er wird die Straße bis zur Rheinstraße durchgezogen, später verbreitert, nochmal verbreitert, tiefer gelegt ... Ernüchternd auch der Blick zur Rheingoldhalle. Groß ist sie, praktisch - aber ohne Schauseite. Bei ihr ist überall Hintereingang und auch im Inneren zeigt sich kein Hauch von Gemütlichkeit. Sie ist nie das, was die Mainzer und Mainzerinnen „gut Stubb“ nennen. Diesen Ehrentitel trägt heute das Schloss, erfunden wird er aber für die alte Stadthalle.

Im 19. Jahrhundert ist die Fruchthalle zwischen Dominikaner- und Gymnasiumstraße größter Veranstaltungsort. 2500 Menschen feiern dort Fastnacht, die 1817er turnen, es gibt Sängerfeste, Blumenschauen, Messen - doch im August 1876 brennt sie ab. Schon 1877 legt Stadtbaumeister Kreyßig für eine riesige Halle am Rhein die Pläne vor. Aber die werden – das ist schon damals so – nach Kontroversen immer wieder geändert, was die Kosten bis zur Eröffnung am 5. Januar 1884 auf 720 000 Mark fast verdoppelt. Mit 6000 Plätzen ist die Halle die größte im Reich.

Bebel spricht beim SPD-Parteitag, die Comedian Harmonists singen hier, in den 20ern

Rund 110 Jahre liegen zwischen den Aufnahmen. Einst mündet die Quintinsstraße hier nicht ein. Stattdessen beginnt hier die Reihe der großen Hotels: Das erste große ist der Rheinische Hof, ganz hinten der Hof von Holland.

finden Sechs-Tage-Rennen statt. Wer aber je Mainzern und Mainzerinnen Jahrgang 1910 und älter zugehört hat, der kennt vor allem wehmütige Erinnerungen an die Narrhalla; an prächtige Sitzungen und rauschende Ballnächte, an MCV-Granden und Prinzenpaare, die samt Entourage gegenüber im „Hof von Holland" residieren.

Noch in den ersten Jahrzehnten des 19. Jahrhunderts gibt es am Ufer nur die Behausungen der Schiffer, einige Hütten und Lagerschuppen. Die besten Gasthöfe finden sich rund um den Brand wie „Die drei Reichskronen" (heute Bushaltestelle Rheingoldhalle vorm Hilton-Domflügel) oder den „König von England" in der Seilergasse (Innenhof Gutenberg-Museum). Aber um die gleiche Zeit berichtet ein Reisen-

Die Stadthalle von 1884, hier mit späterem seitlichem Anbau, ist einst die größte Halle ihrer Art in Deutschland und für die Mainzer die „Gut Stubb". Die 1968 an gleicher Stelle eröffnete Rheingoldhalle erreicht diesen Status nie. Im Vordergrund ein Magirus-Bus aus Mombacher Produktion.

Festliche Sitzungen, große Bälle: Die Stadthalle ist untrennbar mit der Fastnacht verbunden.

der, dass das Trinkwasser in Mainz so schlecht sei, dass man es nur mit Wein genießen könne. Alles beginnt sich zu ändern, als mit der ersten planmäßigen Fahrt des Raddampfers „Concordia" am 1. Mai 1827 der Tourismus in Mainz Einzug hält. Nun wird der nördliche Teil der Rheinstraße gebaut, Hotels entstehen und schon um 1846 gibt es hier nebeneinander zwölf Gasthöfe – darunter „die drei Hotelgroßmächte": Rheinischer Hof, Hof von Holland und Englischer Hof.

Jahrzehntelang liegt dort der Mittelpunkt der Hotellerie, steigen die internationalen Rheinreisenden dort ab, doch mit Umzug der Eisenbahn von der Rheinachse auf die heutige Trasse entsteht am Bahnhofplatz ein zweites Zentrum hochwertiger Hotels.

Der Hof von Holland gegenüber der Stadthalle galt einst als erstes Haus in der Stadt. Thomas Mann stieg hier ab und geriet in den Fastnachtstrubel. Oben ein Prospekt vom Ende der 20er, unten ein noch älterer Kofferaufkleber.

Halleplatz und Stadthalle in den 20ern, dahinter links Rheinischer Hof, Hof von Holland und Englischer Hof.

Vor 111 Jahren notiert Woerls Reisehandbuch: „Altrenommierte Gasthöfe I. Ranges am Rhein: Holländischer Hof, Rheinischer Hof, Englischer Hof; Preise 3 M., inkl. Licht und Bedienung, Frühstück 1,20 M., Mittagstisch 3 M.; in der Nähe des Bahnhofs Centralhotel, etwas billigere Preise." 1935 sind Hof von Holland und Centralhotel mit 3 bis 6,50 RM die teuersten Häuser in Mainz.

Das luxuriöse Haus in der Rheinstraße, das für seine Gäste einen Fuhrpark vorhält, sieht ein exklusives Publikum, wie 1926 Thomas Mann und ist Brennpunkt des gesellschaftlichen Lebens. So wird hier 1932 der erste Mainzer Rotary Club gegründet und zur Fastnachtszeit ist der „Hof von Holland" fest in der Hand des MCV.

Der Krieg hinterlässt nur Trümmer, und so berichtet die AZ im Juli 1949, dass die Fassaden-Ruine des „Hof von Holland" niedergelegt worden sei. Die Reste der Stadthalle bleiben lange stehen, doch einen Wiederaufbau gibt es nicht. Und auf der anderen Straßenseite entsteht bis zum Zeughaus ein krudes Sammelsurium von Bauten, die beliebig zurückgesetzt werden, womit die alte Bauflucht aufgelöst wird. Und in den 80ern wird der Hilton-Domflügel so nah an die Straßenkante gepresst, dass der Fußweg ins Gebäude integriert werden muss.

Drei spannende Dokumente ihrer Zeit: Links oben eine Jugendstil-Ansichtskarte der Stadthalle, darunter eine etwas ältere Werbekarte, auf der „Electrisch Licht" als besonderes Merkmal herausgehoben wird. Knapp 70 Jahre später gibt sich in der Rheingoldhalle, die die Stadthalle ersetzen soll, die Prominenz aus Show, Film und Fernsehen die Ehre.

Der Hof von Holland oder Holländischer Hof, Ecke Karmeliterstraße: Heute steht dort der Hilton-Domflügel.

Das Bild stammt aus den späteren 20er-Jahren. Der Zeppelin, wahrscheinlich der LZ 127, dürfte einkopiert sein.

16 Über SIEBEN BRÜCKEN nach Kastel

Von der römischen Schiffsbrücke aus dem Jahre 10 v. Chr. bis zum heutigen Bauwerk

Kommt die Straßenbahn wieder über den Rhein? So wie damals, als man mit „der Elektrisch'" nach Wiesbaden, Schierstein und Kostheim fahren kann? Nachdem die Wiesbadener 1958 die Stilllegung der Strecken über den Rhein durchsetzen, soll nun die City-Bahn Wiesbaden mit Mainz verbinden. 2024 könnte das gefeiert werden, aber schon drei Jahre später steht ein Fest ganz besonderer Dimension an - da jährt sich zum 2000. Mal die Errichtung der ersten festen Mainzer Rheinbrücke.

Sie existiert bis etwa 400 und nachdem eine Brücke Karls des Großen bald abbrennt, gibt es erst 1661 wieder eine dauerhafte Verbindung. Es ist eine Schiffsbrücke, die von der Bauerngasse zur Kasteler Reduit führt und deren Planken auf 48 hölzernen, später eisernen Booten liegen. Nachteil: Will ein Schiff passieren, muss der Mittelteil geöffnet werden und winters wird die Brücke wegen Eisgangs abgebaut. Dann bleiben nur Boote zum Übersetzen.

Erst 1885 wird die Straßenbrücke eröffnet. Architekt ist Friedrich von Thiersch, der später auch die Frankfurter Festhalle und das Kurhaus Wiesbaden erbaut. Seine Brücke mit fünf Bogenträgern gilt als eine der elegantesten ihrer Art am gesamten Rhein. Vier kuppelbekrönte Pavillons betonen die Eckpfeiler, doch so hübsch diese sind - ihre Funktion ist ein Ärgernis. Denn dort wird der Brückenzoll kassiert, der die 3,6 Millionen Mark Baukosten einspielen soll.

Nur für ein paar Jahre geplant, wird der Zoll erst 1912 abgeschafft. Tarife: ab acht Jahren 4 Pfennige, Straßenbahnfahrgäste 5 Pf., Schafe

Die Schiffsbrücke (1661-1885) wird nach Bau der Straßenbrücke nach Köln verkauft, wo sie bis in die 20er-Jahre in Betrieb bleibt.

An den Türmen wird bis 1912 Brückenmaut kassiert, Anfang der 30er-Jahre werden sie für die Verbreiterung abgerissen.

1 Pf., Ochsen, Pferde 10 Pfennige. Nur Kasteler und Kostheimer Kinder, die in Mainz zur Schule gehen, sind an Schultagen zu bestimmten Zeiten ausgenommen.

Schon Ende der 20er droht ein Verkehrsinfarkt auf der Brücke. Von 1925 bis 1928 ist die Zahl der Pkw im Tagesschnitt von 657 auf 1913 gestiegen und die der Lkw von 336 auf 636. Dazu kommen 4267 Radfahrer, 600 Motorräder, 316 bespannte Fuhrwerke und über 900 Straßenbahnen. Die Besatzungsmacht ist darauf nicht eingerichtet. Wie heute wird eine Entlastungsbrücke gefordert, doch es bleibt bei einer Verbreiterung von 13,60 auf 18,80 Meter. Am 18. November 1934 ist Einweihung, doch auf den Tag zehn Jahre und vier Monate später fliegen alle Mainzer Brücken in die Luft.

In jenen letzten Kriegswochen 1945 werden tausende Brücken im gesamten Deutschen Reich auf dem Rückzug von der Wehrmacht gesprengt. Diese Sprengungen sollen den Vormarsch der Alliierten stoppen und wehe die Sprengung gelingt nicht! In Remagen schaffen es die Pioniere nicht mehr rechtzeitig, vor den überraschend vorstoßenden Amerikanern die

Die Straßenbrücke nach der Verbreiterung und Erneuerung. Die Brückentürme und sonstige Verzierungen sind verschwunden, neu ist die Treppenanlage im Vordergrund.

Ladungen zu zünden. Die US-Army kommt über die Ludendorff-Brücke, kann den ersten Brückenkopf bilden, worauf auf Hitlers Befehl die verantwortlichen Wehrmachtsoffiziere hingerichtet werden.

Als am 18. März 1945 alle drei Mainzer Rheinübergänge um 2 Uhr früh gesprengt werden, hört man die Detonation in der ganzen Stadt. Und schon zwei Tage später berichten US-Zeitungen über die geborstenen Brücken. Doch die Amerikaner lassen sich von den fehlenden Übergängen nicht aufhalten. Zwei Tage später gehen sie mittels einer Pontonbrücke bei Nierstein über den Rhein und kurz darauf legen sie eine weitere am Kaisertor über den Strom.

Nur wenige Tage nach der Besetzung von Mainz am 22. März 1945 errichtet die US-Army eine Pontonbrücke.

Und was das Kasteler Pionierbataillon 33 zerstört hat, bauen die US-Kollegen von den „1303 Engineers" und dem „333. Engineer-Special-Service Regiment" provisorisch wieder auf. Im April entsteht auf den Trümmern der Straßenbrücke eine Holzkonstruktion namens High Way Bridge, über die das Brückenschild prahlt, sie sei die höchste, breiteste und längste feste Militärbrücke der Welt. Für diesen Moment mag das gelten, aber zwei Jahre zuvor bauen deutsche Pioniere eine zwei Kilometer lange Bahnbrücke über den Dnjepr – um sie nur wenige Monate später zu sprengen. Kriegsirrsinn.

Auch die High Way Bridge muss verschwinden, denn sie steht dem Aufbau der Straßenbrücke im Weg. Und so schlagen die Pioniere eine weitere Verbindung über den Strom – die Alexander-M.-Patch-Brücke in Verlängerung der Kaiserstraße. Trotz Wiedereröffnung

Auf den Trümmern der gesprengten Straßenbrücke errichten US-Pioniere im April eine fest Rheinquerung. Das Schild spricht von der höchsten, breitesten und längsten Militärbrücke der Welt – nicht ganz richtig.

der Straßenbrücke bleibt sie bis in die 60er Jahre stehen. Ende der 80er ist klar, dass die Heuss-Brücke, wie sie seit 1967 heißt, marode ist. Wieder kommt eine Entlastungsbrücke ins Gespräch und erneut scheitert sie, unter anderem an den Kosten.

Die Generalsanierung ab Herbst 1991 ist eine echte Herausforderung und bis auf die Pfeiler und die mittleren Brückenbögen ein Neubau – bei laufendem Verkehr. Immer ein Längs-Drittel der Brücke wird erneuert: erst die rheinabwärts gelegene Seite, dann das oberstromige Drittel und zum Schluss die Mitte. Viele Autofahrer und Autofahrerinnen werden sich erinnern, dass man beim letzten Bauabschnitt mit zwei Reifen auf dem ehemaligen Radweg fährt, also in Schräglage den Rhein überquert.

Vier Jahre dauert die Generalsanierung. Aber so lästig es für die Autofahrer und Busfahrgäste auch ist – die Erregung ist vergleichsweise moderat. Man darf davon ausgehen, dass sich das beim Bau der Citybahn ändert. Dann ist Weltuntergang. Die Zeiten haben sich geändert.

Ein Straßenbahnzug auf der Brücke. 1958 ist damit Schluss.

Als im Februar 1929 der Rhein zufriert, will jeder aufs Eis. Hinten die Stadthalle.

17 Ganz Mainz geht übers Wasser

Ende Februar 1929 fror der Rhein zu / Ein Stadtspaziergang, den es nie wieder geben wird

Es gibt einige Straßen und vor allem Gassen, über die wir nie mehr spazieren werden. Die Rechengasse und die anschließende Hintere Synagogenstraße, das Sonnenmannsgässchen links des heutigen Hopfengartens, die Einhorngasse parallel zur Löhrstraße und, und, und ... Bomben und Wiederaufbau haben sie hinweggefegt. Einen Stadtspaziergang der anderen Art wird es aber ebenfalls nie wieder geben – den über das Eis des zugefrorenen Rheins. Im Februar 1929 friert der Strom das letzte Mal hier kmplett zu. Ein wahres Volksfest, wie Margot Demmler, Jahrgang '21 und Seniorchefin des Kinderladen Wirth, erzählt: „Jeder wollte übers Eis nach Kastel oder Kostheim."

Schon wochenlang herrscht bitterste Kälte im ganzen Land und das Ereignis kündigt sich den Mainzern Tage zuvor an ganz anderer Stelle an – wie immer an der Loreley. Wenn sich dort in der engen Biegung des Rheins Treibeis festsetzt und eine Barriere bildet, ist klar, was kommt. In der Nacht auf Sonntag, 10. Februar, am Tag vor Rosenmontag, ist es soweit. „Das Rheineis hat sich gestellt", schreibt der „Mainzer Anzeiger".
Nun staut sich das Eis jeden Tag weiter zurück: Mittwoch bis Lorch, Donnerstag ist es in Rüdesheim, am Freitag erstarrt der Strom bei Eltville und Samstag, 16. Februar, 2 Uhr in der Frühe, erreicht der Eispanzer Amöneburg.

Durch den Main-Zufluss bleibt der Rhein zwischen Straßenbrücke und Mündung erst noch frei, während sich hinter der Südbrücke rasch Eis bildet. Aber bald ist auch das letzte Stück offenen Wassers eisbedeckt. Und schnell trägt die Fläche. Bereits nach zwei Tagen ist sie 50

Zwischen Fischtorplatz und Kastel ist ein Fußweg mit Tannengrün markiert.

Zentimeter dick und an manchen, strömungsarmen Stellen bildet sich gar Grundeis, das bis zum Flussbett reicht. Spiegelglatt ist die Oberfläche aber nur an wenigen Stellen, vielmehr schiebt die Strömung des Rheins die mitgeführten Eisplatten unter lautem Knirschen auf das stehende Eis, türmen sich die Schollen auf, um in wilden Zackenformationen zu erstarren. Es ist ein großartiges Naturschauspiel und die Menschen haben lange darauf gewartet. Kein Wunder, denn selbst damals, da es viel öfter harte Winter gibt als heute, ist der Rhein bei Mainz nur selten zugefroren. In jenem Februar 1929 ist das letzte Ereignis 34 Jahre her.

Viel Betrieb herrscht auch an der Südbrücke in Höhe des Stadtparks.

Aber nun erwacht die fast schon eingefrorene Stadt – auf dem Wasser. „Es fand richtig Leben statt auf dem Eis", erzählt Margot Demmler, die damals mit den Eltern in der Boppstraße/Ecke Schulstraße (heute Adam-Karillon) wohnt und mit

Auch von der Kaponniere am Feldbergplatz ist ein Weg rüber zur rechten Rheinseite gebahnt.

Traditionell fertigen die Küfer auf dem zugefrorenen Rhein ein Fass.

ihnen zum Rhein spaziert: „Wir sind beim Anleger der Köln-Düsseldorfer aufs Eis." Dort, knapp oberhalb der Straßenbrücke, führt eine große breite Treppe hinunter zum Strom – so wie auch am Fischtorplatz. „Am Ufer waren überall Stände, aber auch auf dem Eis." Margot Demmler erinnert sich genau, dass es dort auch heiße Kastanien gab. Die Eisfläche war größtenteils nicht sehr glatt – „sonst hätten wir gar nicht drauf laufen können" –, aber an einer Stelle ist sie blank gewienert für eine Rutschbahn: „Wir haben Anlauf genommen und sind dann geschlittert, andere sind auf einer Jacke auf dem Bauch gerutscht. Das war der größte Spaß für uns Kinder."

Traditionell zieht es auch die Mainzer Küfer aufs Eis, um aus schlanken Dauben riesige, bauchige Fässer zu hämmern. Es gibt überall Stände mit warmen Getränken am Ufer, Kinderbespaßung, und dann wagen sich die Mainzer und Mainzerinnen aufs Eis. In langen Kolonnen ziehen sie rüber nach Kastel oder hinüber zur Petersaue und nach Amöneburg. Fotografen

Über Wochen lagen die Rheinschiffe fest, auch als es zu tauen begonnen hatte.

schleppen ihre schweren Plattenkameras ans Ufer, auf die Straßenbrücke und sogar auf den erstarrten Strom, um das Treiben festzuhalten. Und es sind nicht nur die Mainzer und Mainzerinnen von beiden Seiten des Ufers, die das Spektakel genießen. Die Reichsbahn bringt am Wochenende auch Sonderzüge mit Neugierigen nach Mainz. Unterdessen sitzen unzählige Schiffer fest. Im Zoll- und Binnenhafen, im Winterhafen und an den Ufern.

Anfang März wird das Eis brüchig und langsam befreit sich der Strom. Es wird das letzte Mal sein, dass der Rhein bei Mainz zufriert. 1956 reicht das Eis fast bis Mainz, und 1962, als der Rhein und sogar der Bodensee das letzte Mal zu Eis erstarren, da liegt eine große, eisfreie Strecke ausgerechnet hier.

Lange Fellmäntel schützen die Schiffer. Auch als es Anfang März zu tauen beginnt, dauert es noch Wochen, bis sie wieder fahren können.

Die Silhouette zwischen dem spitzen Turm der Post am Brand und der Christuskirche, davor die Schiffe der weißen Flotte.

18 Das POSTKARTEN-MOTIV

Schiffe, Stadthalle und die Rheinterrasse – die schönen Seiten des Ufers

Würde man die Rangliste der beliebtesten Mainzer Ansichtskartenmotive aufstellen, stünde das Rheinufer weit vorn. Bilder des Doms, von Markt, Leichhof und Liebfrauenplatz dürften öfter verschickt worden sein, aber die vielfältigeren Motive bietet das Leben am Strom - das Panorama, der Blick auf die Brücke und von der Brücke, die Stadthalle, die Anleger der niederländischen Dampfboote und der Köln-Düsseldorfer, die Dampfer selbst, das Biebricher und das Kasteler Boot ...

Aber auch der Alltag der Mainzer und Mainzerinnen spielt sich über viele Jahrzehnte am Rheinufer ab. Bevor durch die Ufererweiterung im 19. Jahrhundert für die Stadt neues Gelände an den Gestaden des Stroms gewonnen wird, ist hier bei den Lagerplätzen für Stein und Holz viel Leben. Dann kommt die Eisenbahn und als sie weicht, entsteht ein neues Viertel. Am Ufer gibt es bald zwei Institutionen, ohne die das Mainzer Uferleben über Jahrzehnte nicht vorstellbar ist – Wäschbriggelsche und schwimmende Badeanstalten.

Die Wäschbriggelsche sind kleine, am Ufer festgemachte Boote, auf denen die Mainzerin-

Wäschbriggelsche am Fischtor – ein beliebter Wasch- und Tratschplatz.

Schell, Ohaus, Watrin waren die Namen der schwimmenden Badeanstalten auf dem Rhein. Erst Ende der 1950er Jahre verschwinden sie. Der Rhein ist zu schmutzig geworden und am Taubertsberg gibt es ein Schwimmbad.

nen ihre Wäsche waschen. Es gibt gleich mehrere davon, die sich über die gesamte Strecke zwischen Malakoff und Neustadt verteilen, und sie sind weit mehr als nur für die Alltagswäsche da – es sind die Nachrichtenbörsen des Viertels. Und während getratscht wird geht die Arbeit viel leichter von der Hand. Vor ein paar Jahren liegt im Winterhafen noch der Bootskörper eines der Briggelscher, doch auch der ist mittlerweile verschwunden.

Eine andere Institution sind die schwimmenden Badeanstalten, die es schon im 19. Jahrhundert gibt. Die bekanntesten sind die von Watrin, Schell und Ohaus. Auf großen Pontons liegen die Aufbauten mit Umkleidekabinen, Sonnendeck und einer Öffnung, durch die der Rhein fließt – das Schwimmbecken.
Bei den pfiffigen Verdelsbuwe ist natürlich der Ehrgeiz groß, kostenlos ins Schwimmbad zu kommen – sie tauchen von unten ins Becken. In den 50ern will ein Badbesitzer das verhindern, in dem er Stacheldraht unten anbringt. Aber auch das schreckt die Bangert nicht ab.

Auch auf der Petersaue gibt es einen begehrten Badeplatz, den „Mainzer Lido", wie es Ende der 40er in einer Sommerreportage der AZ heißt. Wochenends tummeln sich dort fast 2000 Menschen, herrscht Leben wie einst in bessren Zeiten. „Das Eismännche und der Brezelbub, eisgekühltes Sonnenbier in Flaschen und die Lutscher, Bohnenkaffee, Tutti Frutti, Riwwelle und „trocken" Butterbrot", schwelgt die AZ 1949, da gerade der Strand am Feldbergplatz dem Aufbau zum Opfer fällt. Dort hat im Frühjahr '45 eine Ladung Granaten die Kaimauer eingerissen, ist aus der Lücke ein Badestrand entstanden. Doch nun wird sie verfüllt.

Ende der 50er ist mit dem Badespaß Schluss, weil der Rhein zu dreckig ist und das Taubertsbergbad eröffnet. Ein Spaß bleibt aber, das ist das schwimmende Restaurant „Arche Noah" – bis es irgendwann in den Fluten versinkt.

Heute zeigt sich Mainz hier mit dem kalt aufragenden Rathaus, der schroffen Mauer des Plateaus und dem Hilton, dessen Facelifting in die Jahre gekommen ist. Dazwischen bietet die Rheingoldhalle mit ihrem goldenen Faltdach architektonisches Format, ist aber unterhalb der Gürtellinie unansehnlich. Und der 2007 hinzugekommene Vorbau hat dem Kongresszentrum gutgetan, der Architektur von 1969 nicht.

Jahrhunderte gilt das Panorama als einzigartig. Kotzebue und Kleist rühmen es und auch der Gelehrte und Schriftsteller Wilhelm Heinse, Vorleser des Mainzer Erzbischofs Kurfürst

Zu den Mainzer Institutionen gehört das schwimmende Restaurant „Arche Noah", das aber in den 70ern untergeht.

von Erthal, später dessen Bibliothekar, meint: „Auf der Schiffsbrücke steht man im prächtigsten Amphitheater, das die Natur je gebildet hat. Mainz hat die schönste Lage von ganz Deutschland. Die Römer wählten klug."

Viele Maler sind begeistert von dem Motiv, auch Hitlers Lieblingslandschaftsmaler Hermann Gradl. Der wählt die Stadt am Strom oder zumindest starke Anklänge bis hin zum klar erkennbaren Dom als eines von sechs Motiven aus, die Hitler für den riesigen Speisesaal der Neuen Reichskanzlei geordert hat.

Hitler ist vier Mal – zwischen zehn Minuten und ein paar Stunden – in Mainz und auch am Rheinufer. 1931, ausgerechnet am 11.11., kann man ihn in der Stadthalle für bis zu eine Mark Eintritt sehen und hören. Bei zwei anderen Stippvisiten braust er mit seiner Wagenkolonne über die Brücke gen Wiesbaden und einmal, am 11. Oktober 1938, besteigt er ein Schiff. Nach einer Fahrt über die von riesigen Hakenkreuzfahnen blutrot getränkte Große Bleiche geht er über den KD-Anleger an Bord des bei Ruthof in Kastel neu gebauten Motorschiffs „Hansestadt Köln".

Das luxuriöse Schiff der Stadt Köln soll dort bei der Internationalen Verkehrsausstellung 1940 Ehrengäste befördern - auch Hitler. Vielleicht heißt es deshalb später, dass das Schiff ihm geschenkt worden sei. Und die Amerikaner

1938 geht Hitler in Mainz an Bord der „Hansestadt Köln", gebaut bei Ruthof in Kastel. Nach dem Krieg unternehmen US-Soldaten damit Rhein-Ausflüge.

Das Panorama in den 20ern. Zwischen Dom und St. Stephan sieht man den Funkmast der Franzosen in der Eisgrub-Kaserne, hinter St. Quintin der Schornstein der Aktien-Bierbrauerei.

Das vom Bauhausstil geprägte Gebäude der Köln-Düsseldorfer von 1931.

glauben das gern, als sie 1946/47 Soldaten auf „Hitler's Yacht", wie es auf Prospekten heißt, über den Rhein schippern. Später, wieder in Köln, hat das Schiff Adenauer, de Gaulle, die Queen und Michael Jackson an Bord. Heute versucht ein Kölner Verein, das Schiff zu retten.

Wie in Kapitel 16 bereits erwähnt, kann Mainz 2027 das 2000jährige Jubiläum der ersten festen Rheinbrücke feiern, aber im selben Jahr, am 1. Mai, gibt es noch ein anderes Jubiläum: 200 Jahre Dampfschifffahrt in Mainz. Die „Concordia" ist das erste ankommende Schiff, braucht mit 260 Reisenden und 80 Tonnen Fracht von Köln nach Mainz 22 und zurück zehn Stunden.

Auf alten Ansichtskarten sieht man, wie dicht das Rheinufer mit den großen weißen Dampfern belegt ist, teils vier oder fünf hintereinander. Es sind nicht nur jene der Köln-Düsseldorfer, sondern auch die Schiffe der Niederländischen Dampfboot Gesellschaft, die unterstromig der Straßenbrücke ihren Anleger hat.

Die KD, einst „Rhein-Dampfschiffahrt Cölnische & Düsseldorfer Gesellschaft", hat ihren Pavillon stromaufwärts. Es ist das Häuschen der vormaligen Schiffsbrücke, das nach dem Bau der Straßenbrücke so eine neue Verwendung findet. 1931 entsteht stromaufwärts am Halle-Platz das moderne KD-Gebäude mit hoch aufragendem Turm im Bauhaus-Stil.

Das Rheinufer ist Flaniermeile der Mainzer und Mainzerinnen. Man ergeht sich gern unter den schattigen doppelten Baumreihen, beobachtet das Kommen und Gehen der Schiffe, die internationalen Reisenden, die am Ufer schon von den Hoteldienern erwartet werden. Besonders jenen der gegenüberliegenden Häuser – des Rheinischen, des Holländischen und des Eng-

Blick von der Straßenbrücke. Im Vordergrund ein Wäschbriggelsche, weiter hinten der KD-Pavillon. Da die Schiffe oft noch Fracht mit sich führen, steht am Anleger ein Güterwagen der Hafenbahn.

lischen Hofs. Doch nicht nur Reisende treffen hier ein, die Dampfer haben lange Zeit noch Fracht an Bord. Deshalb reichen die Gleise der Hafenbahn vom Zoll- und Binnenhafen am Ufer entlang bis zum KD-Anleger jenseits der Straßenbrücke. Man sieht auf alten Postkarten an den Anlegern oft Güterwagen, aber auch zahlreiche Schuppen reihen sich besonders unterhalb der Straßenbrücke an der Kaimauer aneinander.

Ein schöner Ort, vielleicht der schönste, das Treiben zu beobachten, ist die Rheinterrasse, das Freiluftcafé vor der Rotunde der Stadthalle, deren rheinseitigem Anbau. Stilvoll, schön. Welch ein Vergleich zu heute ...

Die Rheinterrasse der Stadthalle ist in der Erinnerung vieler Alt-Mainzer das schönste Feiluftlokal der Stadt.

Blick von der Straßenbrücke stromabwärts. Am Ufer sieht man noch viele Schuppen und Frachtschiffe. Ein große Attraktion ist anno 1937 der Besuch des Flugboots Do X.

Mainz in den 50ern wie man am fehlenden Helm des Eisenturms sieht. Noch fahren auch die Räderboote mit ihren Schleppzügen.

Weinmarkt auf dem Halleplatz in den 30ern wie an den Hakenkreuzfahnen zu erkennen ist.

19 Von der SKANDALÖSEN WINZERIN

Der Halleplatz ist der Geburtsort des Weinmarkts / 1949 erregt ein Werbeplakat die Mainzer

Wer heute über den kalt-zugigen Jockel-Fuchs-Platz vorm Rathaus geht, kann sich angesichts der betonierten Ödnis kaum vorstellen, dass hier einst – wenn auch eine Etage tiefer – für mehr als hundert Jahre der Festplatz der Mainzer liegt. Nach der 1884 eröffneten Stadthalle heißt er Halleplatz, ist baumgesäumt und bietet genügend Fläche für Ausstellungen, Jahrmärkte, Zirkuszelte und lange Zeit auch für den Weinmarkt.

Die Fläche entsteht erst durch die Aufschüttung des Rheinufers ab den 1850er-Jahren, wenn auch hier erst ein großes Zollamt projektiert ist. Nachdem die Eisenbahn aber auf ihre heutige Trasse verlegt wird, entsteht hier der Halleplatz. Er ist der Geburtsort des Mainzer Weinmarkts. Von 1932 bis 1938 und mit französischer Unterstützung schon wieder ab 1946 wird das Volksfest hier gefeiert, bis es 1965 wegen des Baus der benachbarten Rheingoldhalle in Volks- und Stadtpark ziehen muss.

Zu jeder Jahreszeit ist auf dem Halleplatz etwas los, vor allem dann, wenn Meenzer Mess´ ist.

Der Platz dient auch immer wieder für Aufmärsche aller Art; hier aber für einen friedlichen 1937 anlässlich einer großen Ruderregatta.

Blick über den Halleplatz während des Angriffs am 27. Februar 1945. Rechts der brennende Eisenturm.

Aufmärsche aller Art erlebt der Platz immer wieder. Wenn etwa beim Turnfest hier die Riegen aufmarschieren, beim Bundesschießen oder beim Sängertag. Dann stehen hier Tausende in Reih und Glied und nicht weniger Menschen bestaunen vom Rand des Halleplatzes das Spektakel.

Am 1. April 1933 lautet der neue Name Adolf-Hitler Platz und der zerstörerische Nazi-Ungeist ergreift Besitz von diesem Ort. Am 23. Juni 1933 lädt die Mainzer Studentenschaft dorthin ein zur „Sonnenwendfeier" und einer „öffentlichen Verbrennung von Schmutz- und Schundliteratur, undeutscher Bücher sowie marxistischer Propaganda". Und im Sommer desselben Jahres prahlen die Veranstalter der Ausstellung „Haus, Herd, Technik" über die „erste judenfreie Präsentation". 85.000 Menschen besuchen die Veranstaltung dennoch.

Viele Nazi-Aufmärsche und „Feiern" erlebt der Platz in den nächsten Jahren, bevor sich Ende Februar 1945 die überlebenden Mainzer und Mainzerinnen aus dem Glutofen der untergehenden Stadt hierher retten. Der Platz ist übersät von ausgebrannten und nicht explodierten Stabbrandbomben, die Bäume brennen, dahinter die Stadt ... ein grässliches Bild.

Schon im Jahr darauf kommt der Weinmarkt wieder und ist 1948 nach der Währungsreform fast schon wieder zu alter Größe angewachsen. Und die neue DM kann man auch schon wieder in feine Tropfen anlegen: Den 1947er Oppenheimer Sackträger, Scheurebe Auslese, gibt es für 25 DM, den 46er Oppenheimer Krö-

Weinmarkt 1948. Zwei Jahre zuvor gab es den ersten nach dem Krieg.

tenbrunnen Beerenauslese sogar für 29 DM. Otto-Normal-Mainzer dürfte sich da eher einen Riesling Guntersblumer Herrenmauer von 1946 zu 4,50 DM die Flasche oder einen Dienheimer Kandelweg zu 9,50 geleistet haben.

Ein Jahr später gibt es dann einen kleinen Skandal um das Weinmarktplakat. Der Krug würde einem Bembel ähneln, die Schulter der Dame sehe aus wie wattiert und die Finger seien viel zu zart für eine schwer arbeitende Winzerin - „aber jetzt die Hauptsache, das Gesicht!", schreibt die AZ, die die Debatte mit leicht amüsiertem Unterton begleitet.

„Die einen finden, es sähe nach einer Madonna aus und das passe nicht zu einem Weinmarktplakat, die anderen sagen, es sähe nach dem Gegenteil aus ..." So meint ein Leser, dass die „umflorten Augen" auf einen unsoliden Lebenswandel schließen ließen, andere finden das Mädchen dekadent, und außerdem, so gibt die AZ wieder, hätte ein Mädchen, das so aussieht, keinen guten Charakter ...

Nach dieser Diskussion sind die Veranstalter offenbar geheilt von Experimenten und setzen beim Plakat statt auf ein junges Mädchen auf den dicken, zufrieden grinsenden Kellermeister, der schon in den 30ern das Plakat ziert. Und bei diesem Motiv bleibt Mainz über Jahrzehnte.

Gewerbeschauen, Messen, Verbandstage und Jahrmärkte finden hier statt und ansonsten dient der Halleplatz als großzügiger Parkraum. Mit all dem hat es ein Ende, als der Platz ab 1965 erst als Lagerfläche für den Bau der benachbarten Rheingoldhalle benötigt wird und dann für den Bau des Rathauses nebst Tiefgarage.

Seit der Zerstörung des Rathauses in der Stadthausstraße 1942 sitzt die Verwaltung in der Kunstgewerbeschule am Pulverturm (heute Teil der Unimedizin und auffallend lila gestrichen). 1962 beschließt der Stadtrat einen Neubau auf dem noch nicht wieder bebauten Brand, doch 1966 hat die CDU eine neue Idee. Sie schlägt – fast wie heute – das Kurfürstliche Schloss als Verwaltungssitz vor, da dieses durch die Rheingoldhalle für gesellschaftliche Ereignisse verzichtbar sei ...
Eine Fehleinschätzung, wie die TV-Fastnachtssitzung „Mainz bleibt Mainz" zeigt, die nach einigen erfolg- und stimmungslosen Jahren reumütig ins Schloss zurückkehrt.

An dem Plakat links mit der schönen Winzerin scheiden sich 1949 die Geister. Ihr Vorgänger und auch Nachfolger ist die Figur des dicken Winzers.

Der Halleplatz in den späten 50ern. Rechts ein 57er Opel Rekord, links der Familie ein Peugeot 403 von 1955 mit dem auch der französische Hersteller auf die Pontonbauart umsteigt.

Am 31. Dezember 1973 wird das Rathaus eröffnet, wobei das Lichtgrau der Fassade nicht von vornherein gesetzt ist. Auch der klassisch-rote Sandstein ist im Gespräch und erst nach einer Dänemark-Studienreise entscheidet man sich für den grau-weißen Norweger. Dessen Hang zum Bröseln verwandelt die Fassade in den letzten Jahren allerdings in einen Steinbruch und beschert dem Rathaus einen Bauzaun als Fußkettchen.

Im Dezember 1973 wird das neue Rathaus eingeweiht. Auf der Rheinstraße links ein T2 VW Bus, daneben ein Strich-Achter von Mercedes und ein Büssing-Emmelmann-Gelenkbus in der damals noch modernen orange-elfenbeinfarbenen Lackierung.

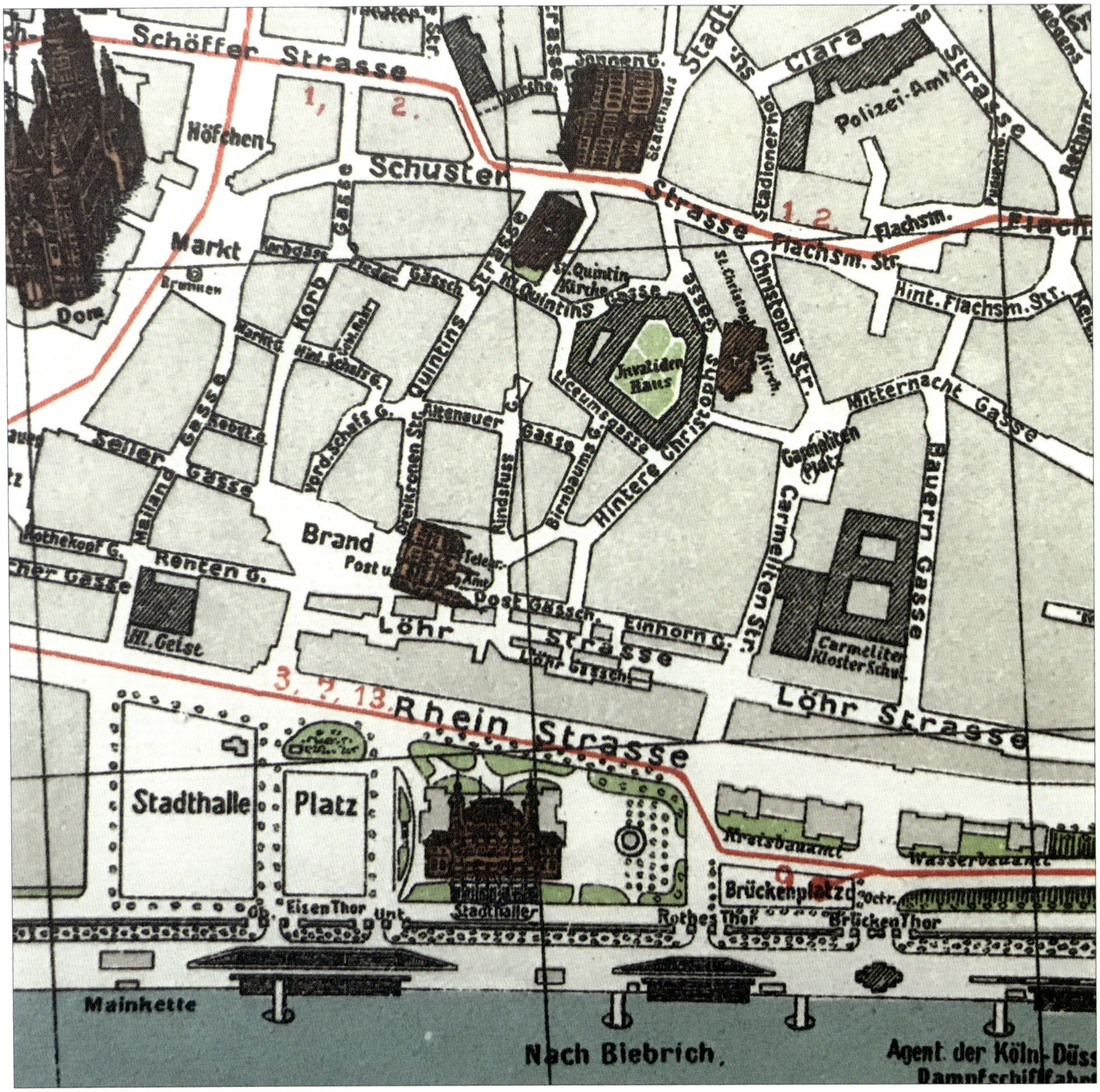

Stadtplan für Kapitel 20 bis 24. Man erkennt das Gassengewirr zwischen Rhein- und Schusterstraße.

20 DER BRAND – ausgelöscht

Entstanden nach dem Feuer 886, untergegangen im Feuer 1942

Wo war das Hotel „Zum Karpfen", die alte preußische Post und überhaupt, der alte Platz, der Brand? Was ist passiert mit all den Weinkneipen, altehrwürdigen Gasthäusern, Hotels? Wer sich nicht so gut auskennt im alten Mainz oder das Glück hatte, das unzerstörte Viertel noch zu erleben, für den könnte die Suche schwer werden, zumal vor über 40 Jahren der Brand unter Bergen von Beton beerdigt wird. Es bleiben nur Bilder. Und Traurigkeit.

Der Name Brand, der auch im 1974 eröffneten

Der Brand mit dem Hotel Karpfen (li.). Links mündet die Rechengasse ein, ganz rechts die Seilergasse.

Heute würde der Fotograf mitten auf der Quintinsstraße stehen.

Brand-Zentrum weiterlebt, soll davon herrühren, dass das Viertel nach einem Feuer entstanden ist, das 886 das dortige friesische Händlerviertel einäschert. Als 1812 das alte Kaufhaus abgebrochen wird, findet sich darunter verkohltes Getreide, das dem Inferno zugerechnet wird.
Wer sich auf Spurensuche nach dem alten Brand begibt, hat einige sehr wenige Orientierungspunkte. Einer ist der Eisenturm. Dort, wo ihm gegenüber heute die Wand der Einkaufsfestung schroff aufragt, stand einst eine Häuserzeile, hinter der wiederum der alte Platz Auf dem Brand lag. Und geht der Blick heute vom Eisenturm nach Norden über die Quintinstraße hinweg zum Hilton-Domflügel, darf man sich links der Bushaltestelle einst die preußische Post vorstellen. Der „Karpfen" wiederum stand einst mit dem Rücken zur Mailandsgasse.

Aber lässt sich der Platz noch in etwa lokalisieren, so ist die Welt der Gässchen, die bis hoch zur Schusterstraße reichte, unvorstellbar. Da gibt es die Vordere Schafsgasse, die Drei-Kronen-Straße, die Rebstockgasse und manche kleine Reil, wie die lichtlosen Durchlässe zu den kleinen gepflasterten Innenhöfen genannt werden.

Martin Ruppert (1915-97), früherer Feuilletonchef dieser Zeitung und ein Kind des Viertels, schrieb einmal mit Wehmut: „Ich gebe mich gerne dem Hauch von Sehnsucht nach verlorenen Zeiten hin. (...) Ich wittere den Duft der alten Gassen, die goldene Luft, den penetranten Mief, der unter den geduckten Dächern und den hohen Giebeln hing."

Licht ist rar in diesen Gassenschluchten mit ihren vorkragenden Hausecken, den hakenschlagenden Wegen und steilen Dächern der alten Patrizierhäuser. Die Küche erhält in diesen Häusern meist nur Licht vom engen Innenhof, im Haus „Zum Frosch" an der Vorderen Schafsgasse wird sie gar nur durch ein Fenster zum Wohnraum belichtet, wie Ernst Stephan im Buch „Das Bürgerhaus in Mainz" schreibt.
Der „Frosch" trägt den Namen der Familie de Rana (lat. Frosch), der einst ein Teil des Blocks zwischen Vorderer Schafsgasse und Korbgasse gehört. Viele Häuser haben Namen – der „Goldene Frosch", die Häuser „Zum Widder", „Zum Horn" und viele mehr. Gebäude mit hohen, steilen Dächern für Lagerraum.
Im Viertel gibt es viele Gasthäuser, dort stiegen Schiller, der päpstliche Nuntius Maury, Robert Schumann oder der Herzog von Welling-

Das Gasthaus zum Neuen Luftschiff steht einst in der Löhrgasse. Schmal und hoch aufragend wie viele Häuser im engen Brand-Gebiet.

Brand mit der Post. Sie steht dort, wo sich heute die Bushaltestelle vorm Hilton-Domflügel befindet.

Unten der Platz um 1955. Die Post steht noch, im Hintergrund auch die Stadthalle.

ton ab, der mit Blücher in Waterloo Napoleon besiegt hat. Auch die Post hat hier ihren Sitz, denn ihre Kutschen bringen die Gäste. Das Hotel „Zu den drei Reichskronen" bietet zeitweise Stallungen für 100 Pferde. Als 1867 die Preußen Thurn und Taxis aus dem Geschäft drängen, entsteht anstelle der „Drei Kronen" die Hauptpost, und da werden ab 1883 auch die Gespräche der ersten 40 Mainzer Telefonanschlüsse vermittelt. 1909 zieht die Hauptpost zur Bahnhofstraße.

Zu jener Zeit ist der Brand in einen Schlaf gefallen – hat aber Charme, wie sich alte Mainzer und Mainzerinnen erinnern. Den entdeckt in den 30ern der Verkehrsverein, der lauschige Lichterfeste am Eisenturm veranstaltet und 1938 an Häusern das Fachwerk freilegen lässt. Doch vier Jahre später brennt das Viertel beim ersten schweren Angriff nieder. Die Trümmer werden abgeräumt, der Wiederaufbau ist nur bruchstückhaft und so dient der Brand vor allem als Parkplatz. Bis das Brandzentrum entsteht und beim Ausbaggern für die Tiefgarage auch die letzten unterirdischen Spuren verschwinden. 1000 Jahre Mainz werden mit dem Lkw auf die Deponie gefahren.

HOTEL KARPFEN MAINZ

den 1.VII.1910.

MENU

Grüne Erbsen-Suppe.

Schellfisch mit Buttersauce
& Kartoffeln.

Ochsenfleisch mit Beilage.

Blumenkohl au gratin
mit kalter Platte.

Hahn
Compot & Salat.

Ananas-Eis.

Obst.

Gastlichkeit auf dem Brand: oben eine Menukarte des Karpfen (s. Foto S. 101) und der Salon des Hauses.

Unten links das Hotel Zur Post am Ende der Löhrgasse, heute in etwa auf Höhe der Rathausbrücke. Hinter dem Gebäude liegt der Heilig Geist. Rechts eines der zahlreichen Gasthäuser am Brand.

Tietz eröffnet 1893 in Mainz eine Kaufhaus-Filiale. Dieses Gebäude stammt von 1908, wird 1942 zerstört.

21 SCHUSTERSTRASSE – Lug und Trug zu Kaisers Zeiten?

1880 wird kaiserlicher Schmuck gefunden – nun streiten Expertinnen / Erinnerungen an Tietz und das Jeans House

Für Mainzer Bauherren in der Innenstadt ist es der Horror schlechthin: Kaum beginnt die Baggerschaufel unter dem Kellerniveau des Vorgängerbaus zu graben, wirds historisch. Gern römisch, auch mittelalterlich, manchmal ist es sensationell – aber auch kriminell? Zumindest wird 2017 bei einer Ausstellung in Darmstadt mit großem Getöse von einem Kunstkrimi gesprochen, der 1880 mit einem Fund an der Schuster-/Ecke Stadthausstraße seinen Lauf genommen habe. Lug und Trug zu Kaisers Zeiten? Die Mainzer Mittelalterarchäologin Dr. Mechthild Schulze-Dörrlamm widerspricht vehement. Das Stichwort heißt Gisela-Schmuck. Doch zunächst zur Straße selbst, die seit jeher zu den Mainzer Einkaufsstraßen zählt. „Die Schuster-Gasse ist weder regelmäßig noch besonders schön, dagegen kann man sie als die vorzüglichste Handels- und Gewerbs-Straße betrachten", heißt es in „Mainz und seine Umgegend – ein Führer für Einheimische und Fremde" von 1840.

Und erst recht wird die Straße dem Ruf gerecht, als Leonhard Tietz 1893 hier eines der ersten seiner später 40 Kaufhäuser eröffnet.

Blick von Tietz in Richtung Markt. Links oben in der Ecke ist schmal die Turmwand von St. Quintin zu sehen.

Blick in Gegenrichtung zum Kaufhaus Tietz und weiter zum Flachsmarkt um 1910.

Nur vier Jahre danach wird das Gebäude vom ersten reinen Kaufhausbau ersetzt, 1908 folgt am gleichen Ort der nächste. Die Tietz AG überlebt Krieg und Krisen, aber nicht die Nazis. 1933 drängen diese mithilfe der Großbanken die jüdischen Besitzer aus dem Konzern, der nun „Westdeutsche Kaufhof GmbH" heißt.

Zerstörung 1942, dann Neubau 1952 an gleicher Stelle: Tausende drängen sich an jenem Tag vor der geschwungenen, grünlichen Fassade in filigranem Gitterraster, während drinnen an unzähligen Verkaufstresen die Verkäuferinnen in weißen, gestärkten Blusen den Ansturm erwarten. Die Warenhäuser sind die Kathedralen des aufziehenden Wirtschaftswunders und zweimal im Jahr ist Hochamt – Schlussverkauf.

Der Krieg hat in der Schusterstraße nicht nur fast alle Gebäude vernichtet und viele Bewohner und Bewohnerinnen getötet. In Folge der Katastrophe ändert sich auch der ganze Zuschnitt der Straße. Bereits in der Zwischenkriegszeit hat es Zugeständnisse an den Verkehr gegeben. So werden Häuser an der Ecke zur Alten Universitätsstraße abgerissen, um die Einmündung zu verbreitern, und auch an der Ecke zur Hinteren Christofsgasse muss ein Gebäude weichen. Aber insgesamt hat die Straße, die seit 443 Jahren nach den einst ansässigen Schustern heißt, über Jahrhunderte die gleiche Gestalt: schmal und nie gradlinig vom Markt

Einmündung der Quintins- in die Schusterstraße. Ganz rechts Turmwand von St. Quintin, in der Mitte die Betzelstraße, ganz hinten St. Emmeran.

Der Kaufhof-Neubau mit der geschwungenen 50er-Jahre-Fassade.

Rechts. Die untere Schusterstraße am Markt. Die Gebäude links sind noch nicht wieder aufgebaut.

bis zur Einmündung Christofsstraße (heute bis Ottiliengasse).
Trotz der Enge hat 40 Jahre lang sogar die Straßenbahn Platz. Ab 1905 rollt sie vom Bismarckplatz über Rheinallee, Kaiserstraße, Bauhofstraße, Flachsmarkt zur Schusterstraße und weiter via Altstadt bis Weisenau. Nach Kriegsende geht die Linie nicht mehr in Betrieb. Stattdessen schafft man Platz für die Autos, die heiligen Kühe der Aufbaujahre.
Die Schusterstraße wird verbreitert, die enge Einmündung der Quintinsstraße förmlich aufgerissen, ebenso jene zur Alten Universitätsstraße. Und zwar dergestalt, dass die Schusterstraße unterbrochen wird, das Stück zum Markt gar nicht mehr dazugehört.

Damenmode der 60er-Jahre aus dem Modehaus Zerr.

Werbemarken werden insbesondere in der Zeit vor dem Ersten Weltkrieg gern von Unternehmen auf Briefe geklebt und werden rasch zum Sammelobjekt. Ganz rechts ein kleines Notizbüchlein in Schlangenlederoptik.

Die optische Trennung wird noch dadurch unterstützt, dass die rechte Zeile stumpf mit einer Hauswand beginnt. Es ist das frühere „Jeans House", wo viele Mainzer in den 70ern ihre erste „echte" Jeans kaufen, also nix mit G!öckchen, sondern Wrangler, Lee oder – natürlich – eine Levi´s. Wobei (ich sags nicht gern): Für meine erste Levis-Röhre musste ich 1979 nach Wiesbaden fahren ...
Die Schusterstraße ist nicht die einzige Straße, die autofreundlich umgestaltet wird. Und in der Tat drängt es die stolzen Besitzer von Käfer, Opel Rekord, Ponton-Mercedes, Isetta oder Weltkugel-Taunus in Massen in die Stadt. Und obwohl überall geparkt werden darf und noch viele Trümmerbrachen wie auf dem Brand zur Verfügung stehen – im Weihnachtsgeschäft 1961 passiert es: Weil mangels Parkplätzen der Verkehr komplett zum Erliegen kommt, wird samstags das Karree zwischen Ludwigsstraße und Großer Bleiche, Schiller- und Schusterstraße für Autos gesperrt. In den folgenden Jahren sieht es nicht besser aus, aber damit hat der Abschnitt Quintinsstraße bis Markt nichts mehr zu tun, denn er wird in den frühen 60ern Fußgängerzone. Die erste in Mainz.

Sind es heute die Abgase, die in der Stadt nerven, sind es bis weit ins 19. Jahrhundert ganz andere Gerüche. Denn die unterirdischen Abwassergräben sind gerade sommers „luftverpestende Faulgruben", so Stadtbaumeister Kreyßig, in dessen Ära ab 1880 die neue Kanalisation entsteht.
Im gleichen Jahr werden bei Kanalisationsarbeiten unter der Einmündung der Stadthaus- in die Schusterstraße (heute der Platz vor dem Kaufhof) in einer Art Schatzkammer mittelalterliche Schmuckstücke gefunden, die alsbald Kaiserin Gisela (999 – 1043) zugeordnet werden. 1886 kommen weitere Stücke in den Antiquitätenhandel, die Freiherr Heyl zu Herrnsheim aus Darmstadt peu à peu erwirbt, bis 1912 der berühmte US-Banker J. P. Morgan ihm alles abkaufen will. Um das zu verhindern, kaufen vermögende Geldgeber für 300 000 Mark den Schatz und schenken ihn Kaiser Wilhelm II.

Links Werbemarke der heute noch existierenden Mohren-Apotheke, rechts eine Tietz-Annonce aus einem Fastnachtsliederheft der 20er Jahre.

Bei der Ausstellung 2017 in Darmstadt, die erstmals alle Stücke gemeinsam zeigt, vertritt man die Auffassung, dass lediglich einige Stücke zum Schatz zählen, der größere Teil eine andere Provenienz habe oder gar gefälscht sei. Ein Krimi? Mitnichten, so Dr. Mechthild Schulze-Dörrlamm vom Römisch-Germanischen Zentralmuseum. Im Archäologischen Korrespondenzblatt 48 (2018) nimmt die Mittelalter-Expertin Stück für Stück die Krimi-Theorie auseinander, spricht von einer fixen Idee, die man mit allen Mitteln zu beweisen versucht habe.

Ihr Augenmerk legt sie auch auf die Behauptung, der Fundort lasse keinen fürstlichen Hintergrund erkennen. Für Dr. Schulze-Dörrlamm schlicht Unfug: „In unmittelbarer Nähe, an der Stadionerhofstraße, gab es weitere Funde – 1911 die Seitenlehne eines karolingischen Steinthrons." Die Ornamentik weise auf das späte achte Jahrhundert hin – und wer herrschte da im Frankenreich? Karl der Große. Hat der Karolinger, der 800 die Kaiserwürde erlangt, an der Schusterstraße eine Pfalz?

Die Mittelalterarchäologin hält es nicht für unmöglich, „denn das Gebäude, in dessen Überresten der Schmuck gefunden wurde, hatte einen Meter dicke Mauern und sogar Keller – das fand man damals nur in adligen oder königlichen Häusern." Ob davon noch Reste unter der Fahrbahn liegen? Eher nicht. Nicht nur die damaligen Ausschachtungen für die Kanalisation, sondern auch die Bomben und der Straßenbau der Nachkriegszeit dürften alle Spuren vernichtet haben.

Ein Teil des Gisela-Schmucks.

Das Brauhaus zur Sonne aus der Betzelsstraße gesehen, links die Einfahrt zum Sonnengässchen.

22 Vom STADTHAUS und der alten Sonne

Vom Viertel westlich der Schusterstraße bleibt kein Stein übrig / Erinnerung an das Leben in einer Altstadtgasse

Nichts ist, wie es einmal war. In Mainz gilt das oft, doch es gibt Orte, da blutet das Mainzer Herz besonders heftig: Am Brand, auf dem Tritonplatz, an der Insel oder in der Langgasse - und rund ums alte Stadthaus. Weg, alles weg. Nicht mal mehr das Straßenraster stimmt noch. Läuft heute die Stadthausstraße vorm Kaufhof mit Betzelsstraße spitz zusammen, mündet sie vor dem Krieg weiter nördlich, gegenüber der Hinteren Christofsgasse, in die Schusterstraße. Die Verschiebung ist möglich, weil nicht ein Haus stehen geblieben ist, und so ist auch das Grundstück des Kaufhofs merklich größer geworden.

Die Herkunft des Straßennamens ist leicht abzuleiten, ist doch hier ab 1782 die Stadtverwaltung angesiedelt. Zwar hat Mainz schon im 13. Jahrhundert ein eigenes Rathaus neben dem Heilig Geist, als die aufmüpfige Stadt aber 1462 erobert wird, verliert sie nicht nur ihre Freiheiten und das Bürgermeisteramt, sondern auch das Gebäude. Als es wieder eine Art Selbstverwaltung gibt, beginnt die Zeit der Provisorien, die bis 1973 anhält.

Erst kommt der Rat in der Münze am Markt unter, dann hier in dem Barockgebäude in der Stadthausstraße. Es ist das Haus „Zum grünen

Das 1942 zerstörte Stadthaus in der Stadthausstraße (oben), die nach dem Krieg stark nach rechts verschwenkt wird, damit der Kaufhof mehr Platz bekommt. War früher der Turmhelm von St. Quintin noch über dem Stadthaus zu sehen, läuft die Straße nun genau auf die Kirche zu.

Baum" (so heißt damals auch die Straße), eine frühere Brauerei. Großzügig zwar, aber eben kein Rathaus. Für einen Neubau gibt es zur Kaiserzeit große Pläne gegenüber St. Peter auf dem Ernst-Ludwig-Platz, er ist auf dem Stadtplan 1914 schon eingezeichnet, aber dann bricht der Krieg aus. Ende der 20er-Jahre plant man wieder, nun ein Hochhaus im Geviert der Golden-Ross-Kaserne, doch nun verhindert die Weltwirtschaftskrise den Bau.

Als die Nazis an die Macht kommen, ist es mit der Selbstverwaltung eh vorbei. Am 2. Februar 1933 tagt in der Stadthausstraße letztmals der demokratisch gewählte Stadtrat.

Als im August '42 das Stadthaus wie das ganze Viertel vernichtet wird, steht das nächste Provisorium an: Es ist die ehemalige Kunstgewerbeschule im Bauhaus-Stil am Pulverturm. Dort bleiben Rat und Verwaltung, bis am 31. Dezember 1973 das neue Rathaus eingeweiht wird.

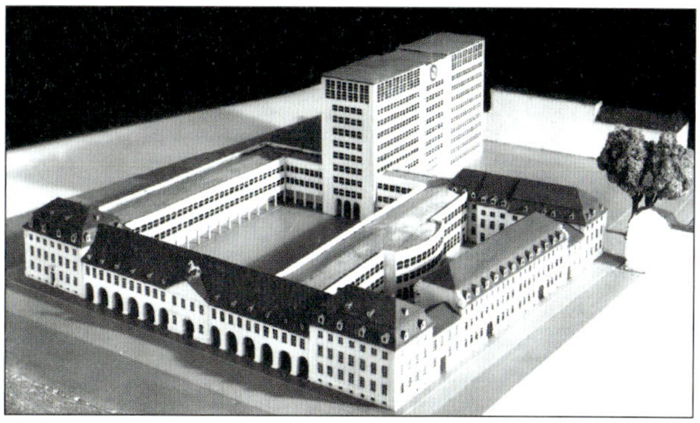

Schon 1930 will man statt dem Stadthaus ein neues Rathaus, das im Komplex des heutigen Landesmuseums erbaut werden soll.

In der gleichen Nacht wie das Stadthaus fällt auch das Traditionsbrauhaus „Zur Sonne" den Bomben zum Opfer. 1568 wird die Brauerei erstmals erwähnt, ein Jahrhundert später findet sich beim „Eck- und Brauhaus in der Betzelsgasse" die Bezeichnung „Sonne", nach der dann das Schnarchgässchen in Sonnengässchen umbenannt wird. Das Brauhaus wird zwar 1897 an die heutige Fritz-Kohl-Straße verlegt, aber am Sonnengässchen bleibt das „Brauhaus zur Sonne" erhalten – bis heute, da die Brauerei bereits seit 28 Jahren das Zeitliche gesegnet hat.

Sonne im eigentlichen Sinne gibt es in dem engen Gässchen aber nicht, wie das Foto von Dieter Münzenberger auf dieser Seite zeigt, der dort einige Kinderjahre verbracht hat. Der Mainzer, Jahrgang 1924, hat einige Jahre vor seinem Tod Erinnerungen zu Papier gebracht, die viel über das Leben in der engen Altstadt erzählen:

„Durch ein hölzernes Tor betrat man den teils überbauten Hof. Links führte eine steile, überdachte Holztreppe in den ersten Stock zu unserer Wohnung. Die Toilette befand sich im Hof. Durch eine herzförmige Öffnung fiel spärliches Licht." Toilettenpapier habe es nicht gegeben, sondern säuberlich in rechteckige Stücke geschnittene Zeitungsblätter. Und zur Spülung diente eine Kanne mit Wasser, das aber im Winter oft eingefroren sei.

„Gegenüber war die Toreinfahrt des Gasthauses. Hielt dort der Wagen der Brauerei, blieb nur wenig Platz. Oft sah ich zu, wie der starke Fuhrmann die hölzernen Fässer in den dunklen Durchgang auf den Hof der Wirtschaft rollte. Mein besonderes Interesse aber galt den schweren Zugpferden und ihrem messingverzierten Geschirr. Wenn die ungeduldigen Gäule mit ihren Hufen auf dem Pflaster scharrten, sah ich manchmal kleine Funken sprühen."

Münzenberger schildert lebhaft die Szenerie der Altstadtgasse: „An der Ecke zur Betzelsgasse war eine Metzgerei. Das Schlachthaus im Hof konnte ich vom Küchenfenster sehen. An den Schlachttagen roch es bis zu uns nach Metzelsuppe und gekochtem Fleisch." Metzgerburschen in blau-weißen Kitteln hätten an langen Stangen aufgereihte Wurstringe zum Laden gebracht oder Schweine- und Rinderhälften transportiert. Nach vorn unterm Flurfenster sei eine Bäckerei gewesen.

„Manchmal sah ich auch einen Schutzmann durch das Gässchen schreiten. Der Verdelsbutze war geachtet und wurde freundlich gegrüßt. Bevor es dunkelte, kam der Laternenmann und

Ein Brauereifuhrwerk im engen, dunklen Sonnengässchen. Blick Richtung Stadthausstraße

öffnete mit einer Stange, an deren oberem Ende ein Flämmchen brannte, ein Klappfensterchen an den Laternen, dann den Gashahn und brachte mit der Flamme die Lampe zum Brennen."

Das ganze Viertel geht unter, nicht ein Haus bleibt stehen. Straßen werden verändert, die Seppel-Glückert-Passage wird ganz neu angelegt und das Brauhaus zur Sonne entsteht neu. Viele Jahre gibt es am aufgeweiteten Sonnengässchen einen kleinen Biergarten, der aber auch längst verschwunden ist.

Noch lange können Autofahrer zum Einkaufen bis vor die Läden fahren, doch 1964 werden zunächst die Glückert-Passage, drei Jahre später Stadthausstraße und Sonnengässchen zu Fußgängerzonen erklärt – oder wie es damals heißt: Fußgängerstraßen.

Viele Geschäftsleute fürchten durch das Verbannen der Autos nicht weniger als den Untergang der Innenstadt, doch der tritt nicht ein. Erst nachdem immer mehr Menschen ihre Einkäufe lieber bequem und nicht sehr umweltfreundlich im Internet erledigen, findet man in diesem Teil der City immer mehr und öfter Leerstände. Traditionsgeschäfte wie das Sanitätshaus Frohnhäuser, das sich seit 151 Jahren in der Stadthausstraße befindet, sind eine Ausnahme.

Die Stadthausstraße um 1960: Vor dem Mainzer Traditionsgeschäft Frohnhäuser stehen ein Auto Union 1000 von 1959 und ein Opel Olympia Lieferwagen von 1950/51.

Diese Postkarte mit dem Motiv aus der Frankfurter Illustrierten war einst im Brauhaus zur Sonne zu kaufen.

Blick von St. Quintin auf das Invalidenhaus (heute der Ort eines Altersheims) und St. Christoph.

23 Rund um den BIRNBAUM

Fröhliches, Kurioses und Trauriges aus einer Gasse am heutigen Altersheim

Sollten die Fastnachts-Gewaltigen des Mainzer Carneval Clubs zum 125. Geburtstag ihres MCC zu den Wurzeln zurückkehren wollen, könnten sie über eben solche stolpern. Denn dort, wo Ende des 19. Jahrhunderts der Vorgängerverein „Birnbaum-Club" tagt, wuchert heute wüst allerlei Gestrüpp auf einer Grünbrache. Der „Birnbaum-Club" hat seinen Namen vom Brauhaus „Zum Birnbaum" an der Birnbaumsgasse, von der heute gegenüber dem Altenheim in der Altenauergasse noch ein kleines, durch Bauzäune abgeriegeltes Reststück existiert - genau jenes, an dem einst das Gasthaus steht. Sogar ein bisschen Kopfsteinpflaster, auf dem in alten Zeiten die Mitglieder des Birnbaum-Clubs nach den Sitzungen fröhlich beschwingt heimwanken, lugt noch hervor.

Auch wenn man es ihm heute kaum mehr ansieht, das Viertel hinter St. Quintin ist ein Stück urigste Altstadt - gewesen. Denn neben Flachsmarkt, Schusterstraße und Brand liegt auch dieses Gebiet in der Bomberschneise vom August 1942. Es wird weggebrannt bis runter zur Rheinstraße und nach dem Krieg entstehen im unteren Teil in den 50er-Jahren Wohnblöcke und weiter oben, an der Altenauergasse, das Städtische Altersheim.

Das Adressbuch 1954/55 verzeichnet noch zehn Hausnummern und hinter neun von ihnen steht „zerstört". Nur die Nr. 6, an der Einmündung in die Altenauergasse, ist provisorisch wieder aufgebaut: Es ist das Haus von Josef Beaury, Farben en gros, an den sich ältere Mainzer sicher erinnern. Das Gebäude bleibt

Die Birnbaumsgasse mit dem Brauhaus zum Birnbaum um 1930, rechts praktisch der gleiche Blick (gegenüber dem Eingang des städtischen Altersheims) heute. Ein trauriger Ort.

das einzige; es wird in den 90ern bis zum Fußboden des Erdgeschosses abgerissen.
Die Keller gibt es noch. Und darunter vielleicht noch viel mehr, denn in der Tiefe vermuten Archäologen den Palast des römischen Statthalters. Ihn ausgraben können sie angesichts ihrer vielen sonstigen Aufgaben derzeit nicht, weshalb möglicherweise die Brachfläche mit einer Kita überbaut wird. Da die keinen Keller braucht, wären die Schätze der Tiefe geschützt, allerdings auf lange Zeit auch unerreichbar.

Wo heute das Städtische Altersheim steht, ragt noch lange nach dem Krieg die Ruine des Invalidenhauses auf. Aus dem frühen 18. Jahrhundert stammend, ist es erst Jesuitennoviziat, dann Priesterseminar, Medizinschule und Lyceum, preußische Kaserne, bis es schließlich Invalidenhaus wird. Fast 300 Arbeitsunfähige und Arme aus dem Rochus-Spital in der Altstadt ziehen 1848 in das Gebäude, in dem strenges Reglement herrscht: Unreinheit, Ungehorsam und Unfleiß werden mit langem Hausarrest bestraft.

Bis Ende des 19. Jahrhunderts entwickelt sich das Invalidenhaus zu einem Altersheim. Die barocke Schönheit geht durch Aufbauten verloren, 1942 folgt der Untergang und 1953 wird die Ruine trotz des Einspruchs des Landeskonservators abgerissen, um ein neues Altersheim zu errichten. Einweihung ist im Januar 1956 für 241 „Insassen", die meist in Dreibettzimmern leben.

Im Zuge des Neubaus und dem Entstehen der benachbarten Wohnblocks werden auch die Straßen neu geordnet. Die Rindsfußgasse ver-

Wo einst das Invalidenhaus steht, wird 1956 das Städtische Altersheim eröffnet mit Platz für 241 „Insassen", wie es damals noch heißt. Die meisten leben in Dreibettzimmern.

schwindet, an die Lyceumsgasse, die Einhorngasse und das Postgässchen, das einst von der Birnbaumsgasse hinunter zur preußischen Post am Brand führt, erinnert nur noch ein Straßenschild an einem Wohnblock.

Die Erinnerungen an die Birnbaumsgasse leben in den Geschichten rund um das Wirtshaus fort. Da ist nicht nur die Gründung des MCC, sondern auch die Erinnerung an den Wirt Michael Geier, der mit seiner Frau 18 Kinder hat und nach deren Tod im Kindbett weitere 18 mit der jüngeren Schwester. Das ist selbst in der damaligen kinderreichen Zeit viel und so lässt er Postkarten mit sich und seinen Sprösslingen drucken.

Doch aus der Gasse mit dem schönen Namen gibt es nicht nur Kurioses, sondern auch furchtbar Trauriges zu berichten: Am 16. Mai 1940 verhaftet die Gestapo früh morgens an vielen Orten in Mainz 100 Sinti und Roma und besonders viele leben hier. Vom Säugling bis zum Senior kommen sie in die Konzentrationslager des Ostens und kaum einer überlebt den Porajmos, so das Romanes-Wort für den Völkermord.
Rasch sind die Schicksale verweht – bis die Mainzerin Hildegard Coester 2013 sie dem Vergessen entreißt. Seither erinnert eine Stele vorm Altersheim an die Mordaktion und ihre Opfer.

Das Brauhaus zum Birnbaum, an dem sich die Birnbaumsgasse verzweigt wie übrigens auch heute noch zu erkennen ist. Nach links geht es zum Invalidenhaus, rechts zur Hinteren Christophsgasse.

Blick vom Brand, dessen Platz 1955 noch zu erkennen ist, zum im Bau befindlichen Altersheim. Noch führt die Quintinsstraße nicht zur Rheinstraße.

Gutenbergs Taufkirche St. Christoph wird im Krieg zerbombt und 1964 als Kriegsmahnmal gestaltet.

24 GUTENBERG und SENZER-DISCO

Am Karmeliterplatz: Der große Mainzer, das Grauen des Kriegs und Tanzschul-Erinnerungen

Zugegeben, die Überschrift ist etwas gewagt. Den Erfinder der Druckkunst und die legendäre Tanzschulen-Disco in eine Zeile zu packen und darunter das Foto des Mainzer Kriegsmahnmals, das könnte als unpassend empfunden werden – aber wir sind hier in Mainz. Hier verdichtet sich manches auf kleinem Raum, vereint wahrhaft Großes, unendlich Trauriges mit völlig Unbeschwertem – so wie an Christofsstraße und Karmeliterplatz.

Es ist fast egal, aus welcher Richtung der Karmeliterplatz angesteuert wird, man stolpert über Johannes Gutenberg. Kommt man vom Kaufhof, kündet am Eckhaus Christofsstraße 2 eine Gedenkplatte von Geburtshaus und mut-

Blick über den Hof von St. Christoph.

Der Mainzer Hof am Karmeliterplatz auf einem Aquarell von Carl Bronner von 1930.

Blick in die Karmeliterstraße, rechts die gerundete Ecke des Mainzer Hofs.

maßlicher Ur-Druckerei des Meisters, und von der Mitternacht her blickt man auf Gutenbergs Taufkirche St. Christoph. Wer aber vom Altenheim kommt, passiert seine letzte Wohnstätte in der Hinteren Christofsgasse 3. Gutenbergs Lebenszyklus.

Natürlich ist alles zerbombt: Der Hof zum Gutenberg, das Geburtshaus, komplett, während vom Algesheimer Hof noch in den 70ern die Mauern stehen. Sie werden für den historisierenden Neubau abgeräumt, während St. Christoph überlebt. 1942 ausgebrannt, 1945 eingestürzt, gibt es nach dem Krieg Abrisspläne – doch dann entschließt man sich, die einst kleinste Mainzer Pfarrkirche als Ruine zu erhalten und als Kriegsmahnmal zu nutzen.

Vor wenigen Jahren neu gestaltet, findet hier alljährlich am Jahrestag der Vernichtung vom 27. Februar 1945 eine Gedenkstunde statt.
Der Bombenkrieg hat wenig übrig gelassen von der Gegend rund um den Karmeliterplatz, der vor seiner Zerstörung ganz anders als heute ein geschlossenes Ensemble ist, ein sehr intimer Raum. Das schönste Haus ist der Karmeliterplatz 2, dort, wo sich heute vor St. Christoph die Grünfläche befindet. Ein klassizistisches Gebäude mit gerundeter Ecke und Tor zum Platz und einem umlaufenden Balkon mit filigranem schmiedeeisernen Geländer. Es ist der Gasthof Mainzer Hof, einer der besten der Stadt. Eine Sprengbombe beendet im August 1942 seine Geschichte.

Gegenüber an der Hausecke Christofsstraße 11 /Mitternachtsgasse steht noch 1968 eine Ruine, bis sie glücklicherweise wieder aufgebaut wird. Von Privatleuten - und das ist in jenen Tagen sehr selten. Die lassen noch gnadenloser als die Stadt die Überreste des alten Mainz abräumen. Nicht nur Ruinen, auch Intaktes wird abgerissen, um mit modernen Gebäuden auf gleicher Fläche mehr Geld zu verdienen. Beispiele gibt es viele und was damals modern ist, gilt heute in aller Regel als Schandfleck.

Oder aber die Gebäude entstehen neu in sehr vereinfachter oder auch historisierender Form. Das mutet an wie einst, aber der Vergleich mit alten Fotos zeigt schnell, was verloren gegangen ist. Vieles wäre zu retten gewesen …

Anders am Karmeliterplatz, wo das Eckhaus zur Mitternachtsgasse neu entsteht. Doch die lauschigen Zeiten sind vorbei, als die Tanzschule Willius-Senzer die Mitternachtsgasse 1-3 zur Großdisco ausbaut. Dann strömen samstags und sonntags Hunderte junge Leute durch den historischen Torbogen des kriegszerstörten Bentzelschen Hofs zur Senzer-Disco.
Senzer ist für Alternative, Ökos, Punker und Headbanger No-go-Area. Nur einmal, Anfang der 80er, gibts Muskelspielchen zwischen Punkern und Poppern. Letztere tragen Fiorucci-Karottenjeans, Armani-Pullis von „Axel's Club" in der Residenz-Passage, College-Schuhe und eine tief ins Gesicht fallende Haartolle. Als es in Hamburg Ärger zwischen Poppern und Punkern gibt („Haut die Popper flach wie Whopper"), wird auch hier ein dramatischer Showdown angekündigt. Vorm Senzer. Für mehr als Maulhubereien fehlt den verkleideten Bürgerkindern beider Seiten aber die Traute. Zum Glück – Mainz halt.

Für Unzählige ist die Disco ein Muss. Ein bisschen Glamour für all jene, die entweder altersmäßig sonst nirgendwo reinkommen oder fürs Dorian Gray am Flughafen nicht stylish genug sind. Es ist ein kleiner Tanzpalast. Mit großem

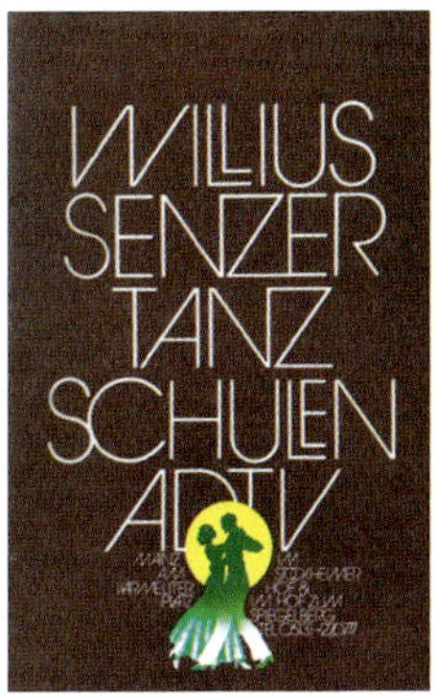

Die Tanzschule Willius-Senzer ist bis heute eine Institution. Legendär die blinkende Tanzfläche im Stil von „Saturday Night Fever" – extra aus den USA herbeigeschafft.

Ballsaal, dazu Standard-Disco mit Bar (wo heute das Sausalito ist) oder Club-Dancefloor mit einzigartiger Attraktion: einer bunt blinkenden Glastanzfläche wie im Kino-Superhit „Saturday Night Fever" von 1977, importiert aus New York. „Rolle, Rolle, Hacke, Hacke - Hacke, Spitze, Drehung" – und fertig ist der Schmalspur-Travolta.

An den Bars gibts für die Mädchen ein Sektchen, die Jungs nehmen männermäßig „Hütchen" (Asbach-Cola), aber es geht manierlich zu. Darüber wacht Cornelia Willius-Senzer höchstpersönlich, die nur Leute mit Tanzschulausweis einlässt. Es ist ein Sport, auch ohne reinzukommen, und so begehrt wie ein Platz drinnen ist auch der Parkplatz vor der Tür: für Manta, Capri oder den GTI von Papis Gnaden.

Das Schaulaufen und -fahren gilt aber nicht nur dem Disco-Publikum, ein ähnlicher Hotspot ist das Eiscafé schräg gegenüber. „Vorm Senzer beim Leo" ist eine gängige Verabredungsformel – und natürlich sind auch da die Vorfahrt und der richtige Parkplatz wichtig für den nachhaltigen Auftritt. Bis die Stadt dem PS-Gehabe mit Einrichtung der Fußgängerzone den Benzinhahn abdreht.

Eine Mobilität ganz anderer Art – nämlich der Transport von Waren in alle Herren Länder spielt ebenfalls am Karmeliterplatz eine bedeutende Rolle. Dort hat die 1787 gegründete Spedition G.L. Kayser mehr als 130 Jahre ihren Sitz. Es ist der Sickinger Hof, der gemeinsam mit dem Walderdorffer Hof, dem Bentzelschen Hof und dem Mainzer Hof ein herrliches Ensemble bildet. Im August 1942 findet in zwei Nächten all die Herrlichkeit ein Ende.

Die Karmeliterkirche kommt 1812 in den Besitz der Stadt, die sie als Lagerraum unter anderem für Fastnachtswagen nutzt. Als sie 1922 abgerissen werden soll, übernimmt der Karmeliter-Bettelorden das Gotteshaus.

Blick am Invalidenhaus vorbei durch die Christophsgasse auf den Turm von St. Christoph.

Stadtplan von 1925 für die Kapitel 25 bis 28. Noch ist der Flachsmarkt ein echter Platz.

25 UNWIEDERBRINGLICH

Der Flachsmarkt: Erinnerungen an das erste Mainzer Kino und Teppiche aus dem Orient

Es war einmal ein schöner Platz. Lange nicht so groß wie der Markt, nicht so prächtig wie der Schillerplatz, aber ein hübscher Platz, an den sich Alt-Mainzer gern erinnern. Heute ist der Platzraum, der einst Straße und Straßenbahn in eine flache S-Kurve zwingt, durch gnadenlose Begradigung der Fahrbahn kaum noch zu erkennen. Der Flachsmarkt ist verloren.

Der Flachsmarkt in den frühen 20er-Jahren, Blickrichtung Große Bleiche. Sehr interessant ist das mittlere der drei Häuser, das offenkundig in der Mitte geteilt wurde, wie der halbe Giebel des Zwerchhauses verrät. Unten der Platz mit begradigter Verkehrsführung.

Nur der Name, den er seit 1309 trägt, ist erhalten und die Erinnerung – ans erste Mainzer Kino, an das Antiquitätengeschäft der Reilings, das Teppichhaus B. Ganz, die Kleiderfabrik Scheuer & Plaut, die österreichische Wache, die „Löwengrube" oder den ersten Mainzer Edeka-Selbstbedienungs-Supermarkt.

Die lange unveränderte Gestalt des Platzes ist schon auf dem Schwedenplan von 1626 zu erkennen. Sie löst sich erst durch Bombenkrieg und Nachkriegszeit auf, so wie auch die Flachsmarktstraße, die einst schon ab der Christofsstraße ihren Lauf nimmt, nun aber erst jenseits des Platzes beginnt.

Aber schon Jahre bevor der von ihnen angezettelte Krieg alles zerstört, vernichten die Nazis die Seele des Viertels. Sie zerstören brutal das jüdische Leben, das es hier seit Jahrhunderten gibt. In der Nachbarschaft liegt das alte Judenviertel mit den beiden Synagogen des 19. Jahrhunderts, während rund um den Platz die jüdische Geschäftswelt blüht.

Schon 1830 eröffnet Benjamin Ganz in der Flachsmarkt-Straße 10-12 ein Teppichgeschäft,

Die Mohrenapotheke an der Ecke Stadionerhofstraße, die bald darauf ins gegenüberliegende Haus, Ecke Christophstraße zieht.

das später damit wirbt, „ältestes deutsches Importhaus für persische, türkische und indische Teppiche" zu sein „mit Zweigniederlassungen in Konstantinopel und Smyrna" (heute Istanbul und Izmir). B. Ganz & Cie. ist aber nicht zu verwechseln mit dem Teppichhaus Ludwig Ganz auf der Ludwigsstraße/Ecke Schillerplatz und Binger-/Ecke Saarstraße.

Wird Ludwig Ganz 1937 enteignet, sein Geschäft nach Nazijargon „arisiert", viele Familienmitglieder in die Emigration getrieben, andere ermordet, sind die Vorgänge um das Geschäft in der Flachsmarktstraße nicht klar. Es soll in der Kristallnacht zerstört worden sein, war also noch nicht „arisiert". Bei den Deportationen 1942 und 1943 sei Eigentümer Carl B. Ganz nicht aufgeführt, so Historikerin Dr. Hedwig Brüchert, allerdings stehe ein Carl Benjamin Ganz im Gedenkbuch des Bundesarchivs mit Todestag 28. Januar 1944. Todesort: Auschwitz.

Auch Hedwig Reiling, die Mutter von Anna Seghers, wird deportiert und 1942 im Ghetto Piaski ermordet. Ihr 1940 verstorbener Mann

Scheuer & Plaut ist ein großes Bekleidungshaus, das 1942 dem ersten schweren Bombenangriff auf die Stadt zum Opfer fällt.

Isidor Reiling betreibt lange mit seinem Bruder Hermann in der Flachsmarktstraße 2 (neben Einmündung Christofsstraße) einen Antiquitätenladen. Sie beraten den Bischof wie den Großherzog, der auch selbst vorbeischaut und Hermann Reiling zu dessen 70. Geburtstag eine Nadel mit Namenszug in Brillanten und Rubinen schenkt.

Auch die Herren-Kleiderfabrik Scheuer & Plaut, dort, wo ab 1970 das Kaufhof-Parkhaus steht, ist jüdischer Besitz und wird wie das Reiling'sche Geschäft arisiert. Bevor aber das Unternehmen, das kurioserweise als Adresse die Schusterstraße hat, dort 1903 sein kuppelbekröntes, imposantes Gebäude erbaut, steht da ein Bauwerk aus Festungszeiten: die Hauptwache der Österreicher. Die teilen sich nach der Niederlage Napoleons mit den Preußen die Bundesfestung Mainz. Und das ist durchaus wörtlich gemeint, denn im Alltag gehen sich Preußen und Österreicher aus dem Weg. Südlich der Ludwigsstraße liegen die Kneipen der preußischen Soldaten, jenseits dieser Grenze die der Österreicher. Sie prügeln sich dennoch: Bei Grenzüberschreitungen und auch bei manch wochenendlicher Landpartie nach Gonsenheim oder Finthen, wenn die Verbündeten bei Festen oder in Wirtschaften aufeinandertreffen.

Die Preußen haben ihr Wachlokal am Liebfrauenplatz (heute Haus am Dom), die Österreicher am Flachsmarkt. Hinter der offenen Bogenhalle liegen die Wachstuben für die Offiziere, Unteroffiziere und einfachen Soldaten, doch mit Beginn des preußisch-österreichischen Kriegs 1866 ist Schluss. Die Österreicher klauen noch die Schlüssel von Neutor, Gautor, Münster- und

Die österreichische Hauptwache aus der Zeit, als Preußen und Österreicher die Besatzung der Bundesfestung Mainz stellen.

Raimunditor, die heute in einem Wiener Museum liegen, und ziehen dann ab.
Dennoch steht die Wache noch mehr als 30 Jahre, bevor sie Scheuer & Plaut weicht. Nachdem die Firma 1942 ausgebombt wird, sprengt man die Vorderfront, und zurück bleibt ein Loch mit offen liegenden Kellern – die sogenannte „Löwengrube".

Zur Geschichte des Flachsmarkts gehört aber auch eine zu ihrer Zeit sensationelle Neuerung. So eröffnet Pfingsten 1906 im Haus Flachsmarkt 26 an der nördlichen Ecke zur Flachsmarktstraße Franz Wolf seinen Kinematographen – das erste Kino in Mainz. Das „Etablissement ersten Ranges" bietet Nonstop-Vorführungen, zeigt „Aktualitäten", „Kulturbilder", filmische Tricks, Kurzdramen und Humoristisches und ist alsbald verschwunden.

Als haltbarer erweist sich ein Geschäft, das am 6. April 1960 am Flachsmarkt 2 seine Türen öffnet. Es ist der erste Selbstbedienungs-Edeka der Stadt. In der ganzen Republik sind Supermärkte noch eine echte Rarität, so auch in Mainz.

Im Adressbuch stehen einem Selbstbedienungs-Rewe in der Großen Bleiche 10 mehr als 250 Lebensmittelgeschäfte mit Theke, Bedienung und begrenztem Angebot gegenüber. Der neue Supermarkt von Günter Voß und seinen 15 Mitarbeitern und Mitarbeiterinnen bietet erstmals an der Kasse ein Warenlaufband und Helferinnen, die die Ware einpacken. Und am Eingang steht ein Großgrill für 24 Hähnchen. Das weiße Fleisch mit der goldbraunen Haut ist im Wirtschaftswunderland in aller Munde und sei ein Zeichen für eine aufkommende „Edelfresswelle", wie damals die FAZ unkt. Da liegt der Edeka am Flachsmarkt voll im Trend. Der erste Mainzer „Wienerwald" eröffnet erst kurz darauf am Gutenbergplatz.

Wolf's
Kinematograph
Theater lebender Photographieen
Flachsmarktstr. 26
Etablissement ersten Ranges.
Vorführungen in höchster, hier noch nicht gesehener Vollendung.
Eröffnung am 2. Pfingstfeiertage, 4. Juni, nachmittags 3 Uhr
Täglich ununterbrochene Vorführungen
an Werktagen von 3 Uhr nachmittags
an Sonntagen von 3 Uhr nachmittags bis 10 Uhr nachts
Ständiger Zutritt
Eintrittspreise für Kinder: 1. Platz 30 Pf., 2. Platz 20 Pf.; Erwachsene: 1. Platz 50 Pf., 2. Platz 30 Pf.

1906 eröffnet das erste Kino in Mainz.

Blick von der Einmündung der Petersstraße zur Einmündung der Hinteren Flachsmarktstraße. Das Hausportal links ist heute noch erhalten – sonst praktisch nichts mehr.

26 Vom Mut einer SELFMADEFRAU

Flachsmarktstraße: Christine Streibich gründet 1950 ihr Geschäft und kämpft Jahre mit der Stadt / Erster Sitz des ZDF

Beginnt die Flachsmarkstraße einst an der Stadionerhofstraße zwischen Hertie und Hertie-Parkhaus, wird ihr Anfangspunkt nach der Neuordnung des Straßenrasters in der Nachkriegszeit auf jenseits des Flachsmarktes verlegt. Nach den Zerstörungen des Krieges ist manches nur noch schwer wiederzuerkennen und man benötigt Hilfe von Menschen, die sich dort auskennen.

Einer ist Wilhelm Ehrhard, seit 45 Jahren Inhaber des Huthauses Streibich in der Flachsmarktstraße 34/Ecke Petersstraße, der ein besonderes Bild sofort identifizieren kann. So erkennt er den auf dem Bild zu sehenden Hauseingang im Vordergrund sehr gut, er gehört zum Nachbarhaus seines Geschäfts und ist einer der wenigen erhaltenen steinernen Zeitzeugen der alten Flachsmarktstraße. Das Foto zeigt also den Blick von der Einmündung der Petersstraße hinauf zur Reichklarastraße und weiter Richtung Flachsmarkt.

1942 und 1945 rollen Bombenangriffe über die Straße und lassen nichts übrig außer Erinnerungen: Etwa an die erste Mainzer Frauenbuchhandlung in der Nr. 17 zwischen Einmündung Emmeransstraße (einst Rechengasse) und der Margaretengasse in den 30er-Jahren. Das Programm dürfte das gegenteilige Rollenbild heutiger Frauenbuchhandlungen gezeigt haben.

Links die Stadtsparkasse von 1892, weiter hinten die Kreuzung Große Bleiche/Bauhofstraße.

Mainz 1955. Die Margarethengasse mit Blick zur Flachsmarktstraße, Ecke Petersstraße.

Noch bevor die Bomber das Viertel umpflügen, legen die Nazis hier Feuer. In der Kristallnacht zerstören sie nicht nur die Synagoge in der Hindenburgstraße, sondern auch die orthodoxe an der Margaretengasse (einst Margarethenstraße) /Ecke Flachsmarktstraße. Dass es in der Innenstadt einst zwei Synagogen gibt, hat seinen Ursprung um 1850, als sich in der Gemeinde eine liberale Richtung bildet. 1853 weiht diese in der heutigen Vorderen Synagogenstraße ihr Gebäude (erstmals mit Orgel) ein, die Orthodoxen drei Jahre später ihre Synagoge. Schon 22 Jahre später ersetzt man diese Synagoge an der Flachsmarktstraße 23 durch ein Gebäude im maurischen Stil - erbaut von Stadtbaumeister Kreyßig, zerstört 1938. Was die Mainzer und Mainzerinnen damals denken, wenn sie an den Trümmern vorbeigehen? Es gibt Menschen, die ahnen, dass das Feuer zurückkommt. Aber es sind wenige.

Ein paar Häuser weiter, in der Nr. 31, kurz vor der Kreuzung Große Bleiche, eröffnet am 1. Oktober 1892 die Städtische Sparkasse ihr Verwaltungsgebäude an der Flachsmarktstraße. Ein stattliches Gebäude in wilhelminischer Opulenz, aber man kommt anscheinend noch mit wenig Raum für den Geschäftsbetrieb aus. Denn in den oberen Stockwerken wohnen die Sparkassen-Angestellten.

Das Gebäude wird im Krieg zerstört, nur wann genau, das ist auch bei der Sparkasse nicht bekannt. Wahrscheinlich erleidet das Gebäude schon beim ersten Angriff im August 1942 schwere Schäden, denn in den letzten Kriegsjahren sind zumindest Teile der Sparkasse schon am heutigen Hauptsitz am Münsterplatz angesiedelt.

Der Aufbau der Flachsmarktstraße nach der Zerstörung ist langwierig. Noch 1955 liegen weite Teile brach – und das liegt auch an der Stadt selbst, die manch Aufbauwilligen rüde ausbremst: Manchmal, weil die Stadt andere Pläne mit dem Grundstück hat, oft aber, weil die Verwaltung gar nicht richtig weiß, was sie will. Das trifft auch die damals 43-jährige Christine Streibich, die 1950 den Mut fasst, zwei Grundstücke neben der zerstörten Sparkasse zu kaufen, darauf einen kleinen Flachbau zu errichten und ihr Huthaus zu eröffnen.

Das Geschäft lässt sich gut an und bald will sie das Gebäude aufstocken, das miterworbene Nachbargrundstück auch bebauen – doch die Stadt will das nicht, will die Selfmadefrau dort weghaben. Und als die Stadt ihr nach Jahren

Links die Einmündung der Margarethengasse, dahinter der Flachbau, in dem Christine Streibich ihr erstes Huthaus eröffnet.

endlich an der Ecke gegenüber, Flachsmarktstraße 34, ein Tauschgrundstück anbietet, da bremst sie auch dort den Bau aus, leitet einfach den Antrag auf Bauförderung nicht ans Ministerium nach Bonn weiter. Bis Christine Streibich selbst nach Bonn fährt und dann auch noch OB Stein einschaltet. Plötzlich läuft es. „Erst 1958, nach mehr als vier Jahren Streit mit der Stadt, konnte sie ihr neues Geschäft eröffnen", sagt Wilhelm Ehrhard, der 1974, damals ist er 21, das Geschäft von seiner Tante übernimmt.

Der Rest des Karrees zwischen Großer Bleiche und Margaretengasse, Löwenhof- und Flachsmarktstraße ist bereits besenrein und wird als Parkplatz genutzt, als auch das kleine Geschäft niedergelegt wird. Und bald kommen die Bagger, denn die seit 1. Juli 1958 als Hauptstelle Landesbank Rheinland-Pfalz firmierende vormalige Hessische Landesbank braucht Platz. 1962 ist Eröffnung. Übrigens auch für den ers-

Nach langem Kampf mit der Stadt kann die Selfmadefrau 1958 auf der Ecke schräg gegenüber dieses Gebäude errichten und ihr Huthaus neu zu eröffnen.

Wo damals ein Lloyd 600, Baujahr 55-57, mit Schiebefenster und ein 57er Käfer parken, steht heute die Landesbank an der Großen Bleiche. Hinten die Flachsmarktstraße.

ten Drive-in-Bankschalter in der Landeshauptstadt.

1962, das Jahr des erschwindelten 2000-jährigen Stadt-Geburtstages, ist überhaupt das Jahr des Neubeginns und der Einweihungen. Gerade in diesem Viertel. Nachdem schon 1961 das Allianzhaus errichtet wird, ist endlich auch die Sanierung der kriegszerstörten Peterskirche abgeschlossen. Dann werden die Anne-Frank-Schule und das Naturhistorische Museum eingeweiht und Ende 1962 entsteht in der Flachsmarktstraße 13-17 das mit zehn Stockwerken bis dahin höchste Hochhaus der Stadt.

Es heißt zwar Siemens-Hochhaus und der Konzern residiert auch in den unteren Stockwerken. Der zweite Hauptmieter ist jedoch eine Institution, die erst im April 1962 gegründet wurde und nun in Mainz Fuß fasst – das ZDF. Der Sender, der noch gar nicht sendet, ist hier mit den Abteilungen Unterhaltung, Produktion, Programmdirektion und Chefredaktion vertreten, während der Intendant – der Mainzer Philosophie-Professor Karl Holzamer – im Allianzhaus residiert.

Einmündung der Löwenhofstraße in die Große Bleiche, links steht bis zu ihrer Zerstörung die Liedertafel.

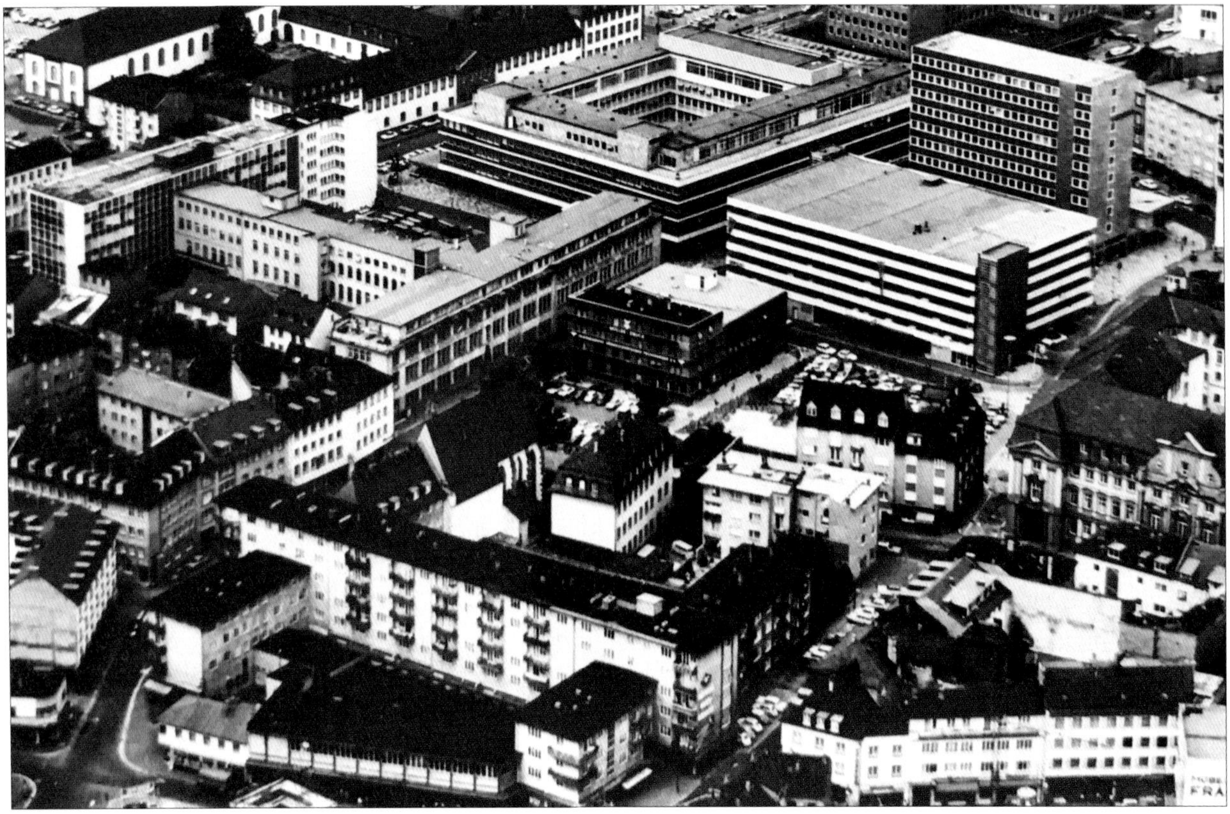

Unten Lotharpassage und Stadthausstraße, hinten links der große Komplex der AZ zwischen Großer Bleiche und Margarethengasse, Klara- und Löwenhofstraße. Darüber die Landesbank und rechts davon ein Parkhaus, das schon in den 70ern der Bankerweiterung weichen muss.

27 Die ermordeten KINDER DER MARGARETHENGASSE

Das Viertel rund um die Synagogenstraße erzählt vom jüdischen Leben und den Nazi-Verbrechen

Es ist traurig, bei praktisch jedem Stadtspaziergang ein paar Sätze, ganze Absätze und einige Fotos den Themen Vernichtung und Zerstörung widmen zu müssen. Oft mit Hinweis auf das, was passiert ist, bevor die Bomber kommen: Demütigung, Ausgrenzung, Vertreibung und Ermordung der 3000 Mainzer Juden und Jüdinnen. Im Viertel um Margaretengasse, Löwenhof- und Vorderer Synagogenstraße verdichtet sich die ganze Traurigkeit. Mord, Vernichtung, unendliches menschliches Leid. Unzählige Tote, kein Haus steht mehr und zwei Straßen sind verschwunden: Rechengasse und Hintere Synagogenstraße.

Hier im Viertel zeigt sich die jahrhundertealte immer wiederkehrende Verfolgung der Juden. 1662 verfügt der Kurfürst, dass sie in der Judengasse (später Hintere Synagogenstraße) zwischen Klara- und Löwenhofstraße leben müssen. Ein Gitter verschließt das eine Ende, zur Klarastraße hin steht eine Wache, denn sonn- und feiertags dürfen die Juden und Jüdinnen die quälende Enge ihrer Gasse nicht verlassen. Heute kündet davon eine Gedenkplatte im Boden.

Mit der Zeit wird das zugewiesene Areal erweitert, gibt es Erleichterungen und 1798 wird das Judenviertel geöffnet, aber Restriktionen gibt es noch lange. Viele Juden und Jüdinnen bleiben der Gegend treu und 1853 er-

Blick von der Klarastraße in die Hintere Synagogenstraße. Hier steht bis ins 19. Jahrhundert die Judenwache, hinten links die Rückseite der Synagoge. In einem der Häuser rechts wächst der Schauspieler Siegfried Lowitz auf.

Heute (unten) gibt es die Straße nicht mehr.

öffnet die liberale israelitische Gemeinschaft ihre Synagoge zwischen Vorderer und Hinterer Synagogenstraße. Eingeklemmt zwischen Häusern, aber mit hoch aufragender Front im maurischen Stil und breiter Treppe hinauf zum Portal. Mit dem Neubau in der Hindenburgstraße 1912 wird diese Synagoge an die Stadt

Innenraum der 1853 eröffneten Synagoge der liberalen israelitischen Gemeinschaft.

verkauft, die sie als Lager nutzt. Dennoch wird sie in der Kristallnacht geschändet. Bomben zerstören sie im Krieg.

Lange leben Christen und Juden problemlos Tür an Tür. 1908 erzählt Clemens Kissel im Büchlein „Aus dem alten Mainz" vom „Metzger Fuchs, dessen koschere Würstchen ein Leckerbissen für viele waren". Das Original aus der Judengasse setzt „drollige Annoncen in die Welt", etwa:

„Gut Purim, gut Purim, gut Purim ihr Leut!
Wißt ihr auch wohl, was Purim bedeut?
Der Purim bedeut' in der ganzen Welt:

Kommt zum Fuchs und verzehrt Euer Purim-Geld!"
Den Juden der orthodoxen Synagoge in der Flachsmarktstraße ist derlei locker-gereimter Umgang mit einem Feiertag ein Dorn im Auge wie auch die benachbarte liberale Synagoge, die sogar eine Orgel besitzt.
So mokiert sich die Zeitschrift „Der Israelit" 1869 über das Schabuoth-Fest in der „Orgel-Synagoge": „Da Regen eintrat, standen Droschken und Equipagen vor der Synagogen-Türe, und Konfirmanden und Konfirmandinnen, die eben die Heilighaltung der jüdischen Religion geschworen hatten, fuhren nach Hause, den heiligen Festtag sofort entweihend! Welch frevelhaftes Spiel!" Fahren ist am Feiertag für Juden und Jüdinnen nach dem Glauben so wenig erlaubt wie am Schabbat. Nur, dass es die Liberalen nicht so eng sehen. Trotz dieser Differenzen sind Orthodoxe und Liberale in einer Gemeinde vereint. Bis zum Ende.

Das Speisehaus Kapfer in der Rechengasse 8. Das Sträßchen verschwindet im Zuge der Neuordnung des Viertels.

Noch 1955 bieten Löwenhofstraße und Rechengasse ein Bild der Zerstörung.

1935 werden Synagogenstraße und Hintere Synagogenstraße umbenannt und zu Verlängerungen von Margarethenstraße und Rechengasse. Der Mainzer Anzeiger hetzt: „Wir haben keine Veranlassung, unsere Straßen nach jüdischen Tempeln zu benennen."
So findet sich der Bildhauer Wodolowitz im Adressbuch 1931 in der Hinteren Synagogenstraße 2, später in der Rechengasse 2. Sein Sohn Siegfried, geboren 1914, wird später unter dem verkürzten Nachnamen Lowitz ein Großer in Film und Fernsehen: Im „Hexer" und anderen Edgar Wallace-Filmen, im „Schinderhannes", in „Die Gentlemen bitten zur Kasse" und ab 1976 als erster Kommissar der ZDF-Kriminalserie „Der Alte".

Der Schüler des heutigen RaMa steht 1934 zum Jubiläum der Prinzengarde in der Stadthalle beim Vorspiel als Prinz Karneval erstmals auf der Bühne, wird Volontär am Theater und gehört 1934/35 zum Ensemble. In den 60ern kehrt er mit einem Tourneetheater noch einmal zurück.
Ein paar Häuser weiter als die Familie Wodolowitz leben die Laubs. Die Großeltern sind 1904

dem gewalttätigen Antisemitismus im österreichischen Galizien (heute Polen und Ukraine) entflohen. Sohn Markus ist Kaufmann, er heiratet seine Jugendliebe und 1924 kommt Sohn Leo zur Welt, das erste von sechs Kindern. Familienglück – bis die Nazis an die Macht kommen.

1938 werden die Großeltern nach Polen abgeschoben und in der Kristallnacht sehen die Kinder ihren Vater zum letzten Mal. Als der Mob die Wohnung verwüstet, fliehen Mutter und Kinder ins israelitische Krankenhaus oberhalb der Mombacher Straße, während der Vater ins KZ Buchenwald gebracht wird. Nach seiner Rückkehr sind die Kinder schon nach Holland gebracht worden. Fünf überleben versteckt bei Familien, aber Leo wird 1942 gefasst und in Sobibór vergast.

Als die Laub-Geschwister zurückkehren, hören sie vom Tod Leos und dem der Eltern. Und ihr gesamtes Viertel liegt in Trümmern, übrigens auch noch zehn Jahre nach dem Krieg. Tochter Frieda geht 1946 mit 18 Jahren nach Israel, wo sie 73 Jahre später, Ende Februar 2019, Besuch aus Mainz erhält. Landtagspräsident Hendrik Hering überreicht Frieda Shulamit Schwarz in Haifa einen Stich der Heimatstadt und löst bei ihr Erinnerungen aus. Auch an ihre Straße - „es war die Rechengasse".

Wie Jahrhunderte vorher der Kurfürst pferchen auch die Nazis viele Juden im Viertel zusammen. Sie müssen ihre Wohnungen räumen und in der Margaretengasse 19, 21, 28 und 31 in „Judenhäuser" ziehen. Die Zustände in den überfüllten Häusern sind schlimm. 1942 werden alle Juden in die Mordlager deportiert. Im Transport von 178 Mainzern und Mainzerinnen am 30. September 1942 nach Treblinka sind auch 13 Kinder aus der Margarethengasse: Albert, Margot und Rolf Althof und die fünf Straß-Kinder: Werner, Waltraud, Martel, Amon und die kleine Lona, die um ihren ersten Geburtstag herum am 4. Oktober im Gas ermordet wird. Wie Sally Tobias, das wohl jüngste Mainzer Mordopfer der Nazis. Geboren am 9. April 1942 wird er kein halbes Jahr alt.

Ausgelöschte Leben, ein ausgelöschtes Viertel, noch 1955 eine Kriegsbrache. Ende der 50er Jahre entsteht an der Löwenhofstraße im Rücken des Siemenshochhauses das kurzlebigste Mainzer Parkhaus. Bereits nach wenigen Jahren wird es abgerissen, weil sich die Landesbank über die Margaretengasse hinweg erweitert.

Das Karree gegenüber ist spärlich bebaut, bis 1995 die Landesbausparkasse, heute LBS Südwest, ihr Halbrund errichtet. Weichen muss der „Müller-Druck", ein 60er-Jahre-Gebäude gegenüber der Rückseite der Mainzer Verlagsanstalt, dem Stammhaus der AZ an der Großen Bleiche. Im Keller des „Müller-Drucks" befindet sich ein historisches Gewölbe, in dem gern Weinprobierabende veranstaltet werden.

Auch die Gäste des dort oft abgehaltenen Werbestammtischs mit AZ-Anzeigenchef Walter Dähn dürften daran gern zurückdenken. Schöne Erinnerungen in einem sonst so traurigen Viertel.

Die Rechengasse vor der Einmündung in die Flachsmarktstraße. Seit dem Verschwinden der Gasse vom Stadtplan gehört dieser Abschnitt zur Emmeranstraße. Im Hintergrund die Reichklara-Kirche.

Blick vom Schloss auf St. Peter und die damals noch bis zum Deutschhausplatz reichende Bebauung. Auf dem Platz rechts sollte um 1914 das neue Rathaus entstehen.

28 ST. PETER – Zwischen Mitternacht und Allianzhaus

Im Jahr des erschwindelten Mainz-Jubiläums jagt eine Neueröffnung die nächste

1962 ist das Jahr der großen Geschenke für Mainz: Landesmuseum und Gutenberg-Museum werden eröffnet, Taubertsberg-Hallenbad, Stadtpark-Restaurant, AWO-Altenheim, Schiersteiner- und Weisenauer Brücke und vom Land erhält die Stadt Gelände für einen neuen Stadtteil – den Lerchenberg. Das Originelle: Die cleveren Mainzer haben den Grund für den Geschenkesegen selbst geliefert, besser gesagt: erfunden. Sie feiern 2000 Jahre Mainz, obgleich das gesicherte Datum 1987 wäre. Doch solange will die damals zweithöchst verschuldete Stadt der Republik nicht warten. Sie hat Geschenke nötig.

Was dies mit dem Viertel zwischen Mitternacht und St. Peter zu tun hat? Keine Gegend in der ganzen Stadt bekommt so viel vom Segen ab. Es sind nicht allein Geschenke zum Pseudo-Jubiläum, aber 1962 wird von der Mitternacht bis zur Peterskirche permanent irgendwas eröffnet: Haus der Jugend, Naturhistorisches Museum, Anne-Frank-Schule, dann das Allianz-Haus an der Großen Bleiche und - als Höhepunkt - die Peterskirche.

Doch so erfreulich all diese Einweihungen sind - sie zeigen im Umkehrschluss, dass die Bomben so gut wie nichts übrig gelassen haben. Über Jahrhunderte wird die Mitternacht vom Reichklarakloster dominiert. Ein großer Komplex zwischen Flachsmarktstraße und Mitternacht, Peters- und Reichklarastraße. Letztere ist eine der ältesten Straßen der Stadt. Schon die Römer marschieren vom Lager auf dem Kästrich über den Straßenzug aus heutiger Emmeransstraße, Reichklarastraße und Zeughausgasse zur römischen Brücke.

Petersplatz mit Peterskirche. Links steht heute das Allianzhaus.

Das Kloster existiert bis ins späte 18. Jahrhundert, doch erst über 100 Jahre später wird es bis auf die Kirche abgerissen. Im 600 Jahre alten Kirchenschiff entsteht das Naturhistorische Museum, im anschließenden Neubau eine Höhere Mädchenschule für 1100 Kinder mit Lehrerinnenseminar. Im Stile der Renaissance errichtet, fügt man dem Gebäude Original-Relikte der Renaissance hinzu – so den Standerker eines am Flachsmarkt abgerissenen Hauses von 1574. Er übersteht den Krieg, ebenso ein hoher Neorenaissance-Erker, der heute die sonst nackte Fassade zur Petersstraße schmückt.

Epochal ist anno 1962 vor allem die Eröffnung des Hauses der Jugend, kurz: HdJ. Erstmals baut die Stadt Jugendlichen einen Treffpunkt. „Es soll den jungen Menschen eine Heimstatt sein, wo sie ihren Neigungen entsprechend den Feierabend sinnvoll gestalten können", heißt es etwas bieder in der städtischen Zeitschrift „Das neue Mainz". Aber in der Tat sind

Der Fotograf steht vor der Peterskirche und richtet seine Kamera Richtung Mitternacht.

Die noch zerstörte Mitternacht Mitte der 50er Jahre. Rechts die zerstörte Höhere Töchterschule, heute Anne-Frank-Schule.

Werkstätten, Foto-Labor, Clubzimmer, ein großer Saal für Film und Feste etwas vollkommen Neues für die Jugendlichen. Ansonsten bleiben nur Sportverein, Kirchenjugend oder das bei Eltern berüchtigte Rumhängen auf der Straße.

Prägen vor dem Krieg noch kleine geduckte Häuschen den Weg zu St. Peter, entstehen hier der Wohnungsnot gehorchend in den 50ern einfache Wohnblöcke. Sie würden eher in eine Vorstadtstraße passen und sind doch in jener Zeit ein Segen für all die Ausgebombten, Vertriebenen und Flüchtlinge, die schon so lange auf eine eigene Wohnung warten. Bis dahin teilen sich oft noch zwei Familien eine große Altbauwohnung und wen es schlimm trifft, der lebt auch noch Mitte der 50er in einer Baracke.

So traurig ist auch das Schicksal der Peterskirche, die den 1942er-Angriff übersteht, dann aber 1944/45 untergeht. Die beiden geschweiften Turmhauben werden zerstört, beim Südturm auch noch das Freigeschoss. 17 Jahre dauert es, bis der 1749-56 unter dem Architekten Johann Valentin Thomann (auch Architekt

Kinder spielen auf den Trümmern, während im Hintergrund schon Neubauten stehen.

Blick von der Flachsmarktstraße um 1959 zur im Aufbau befindlichen Peterskirche. Auf dem Platz steht heute das Allianzhaus.

des Osteiner Hofes) errichtete Kirchenbau äußerlich wieder hergestellt ist, noch Jahrzehnte länger, bis auch der Innenraum mit den herrlichen Deckengemälden rekonstruiert ist.

Doch das städtebaulich und architektonisch äußerst gelungene Umfeld der Kirche, etwa die Bauten, die sich an St. Peter entlang der Großen Bleiche in Richtung Rhein anschließen, werden nicht wieder aufgebaut. Bis zum Deutschhausplatz stehen dort vor dem Krieg sehr stattliche Wohn- und Geschäftsbauten, während in der Petersstraße das barocke Gebäude der Genossenschaft der barmherzigen Brüder für Krankenpflege verloren geht. Auch die Reste der Stiftsdechanei, die einen großen Teil der Fläche bis zur Flachsmarktstraße einnimmt, werden nach dem Krieg abgetragen. Was wäre zu retten gewesen, wie hätte man es besser machen können? Man darf es sich mit dem Urteil heute nicht zu einfach machen und die Zwänge jener Zeiten zu sehr auf die leichte Schulter nehmen.

Dieses schöne Gebäude der Petersstraße wird ein Opfer der Bomben.

Die von Egon Hartmann um 1955 geplante Zufahrt zur Straßenbrücke von der Großen Bleiche aus rechts an St. Peter vorbei und über Mitternacht und Zeughausgasse.

Zur Festungszeit ist St. Peter bis 1866 die Garnisonskirche der Österreicher und berühmt für deren sonntägliche Kirchenparaden, also den Marsch der Truppe zum Gottesdienst. Bis heute prägen die Doppeltürme von St. Peter den Blick vom Rhein her auf die Stadt, aber auch das Bild der Großen Bleiche. Mehr als früher sogar, denn nach den schweren Zerstörungen nutzte man die Gelegenheit, die Bauflucht der Großen Bleiche zurückzunehmen, um vom Münsterplatz her eine Blickachse hin zu beiden Türmen von St. Peter zu schaffen.

Wer das wenig gelungen findet, der kennt die Pläne des damals in Mainz tätigen Stadtplaners Egon Hartmann aus den 50er-Jahren nicht. Er will die Straßenbrücke nicht mehr über die seitlichen Rampen anbinden, sondern direkt. Der Zubringer soll von einem Rondell auf der Kreuzung Große Bleiche/Flachsmarkt-/Bauhofstraße rechts an der Peterskirche und dem Zeughaus vorbei und direkt auf die Brücke zuführen.

Das Allianzcafé ist mit seiner Terrasse ein beliebter Treffpunkt von Politik, Justiz und Medien. Heute befinden sich hier der Kulturclub Schon Schön, das Café Blumen und der Salon 3sein.

Erst gegen Ende der 50er-Jahre werden die Trümmer der Gendarmeriekaserne auf der Ecke zur Flachsmarktstraße abgeräumt, um Platz zu machen für das Allianzhaus. Den roten Sandstein von St. Peter aufnehmend, hält es sich diskret im Hintergrund und doch ist es lange Zeit wichtiger Anlaufpunkt. Im Allianz-Café sitzen die Herren und Damen der Rechtspflege aus dem benachbarten Gerichtszentrum einträchtig mit Landespolitikern, Ministerialbeamten, Landesbankern und den Journalisten der AZ beieinander, deren Redaktion und Verlag damals noch in der Großen Bleiche ihren Sitz hat.

Besonders die Terrasse ist an sommerlichen Nachmittagen sehr beliebt, während die Örtlichkeit heute mit dem Club Schon Schön, dem Café Blumen und dem neuen Salon 3SEIN Anlaufpunkt bis spät in die Nacht ist.

Anfang der 60er-Jahre entsteht die Gegend um St. Peter neu: Die Kirche ist restauriert, dahinter das Allianzhaus, die Landesbank, der Abgeordnetenbau und der Jubiläumsbrunnen, der heute leider in miserablem Zustand ist und dem wegen der hohen Sanierungskosten der Abriss droht

Vor dem Ersten Weltkrieg wurde auf der Fläche des heutigen Ernst-Ludwig-Platzes gegenüber von St. Peter ein neues Rathaus geplant. Der Wettbewerb war schon abgeschlossen, auf Stadtplänen wurde es eingezeichnet, doch dann begann der Krieg und nach 1918 war Mainz zu arm für diese Pläne. Aber erst nach 1925 verschwand das Projekt von den Stadtplänen.

Michael Bermeitinger

Der Autor dieses Buches wurde 1960 in Lörrach/Baden geboren, wuchs in Bonn auf und lebt seit 1974 in Mainz. Seit 1988 Redakteur der Allgemeinen Zeitung, ist er ab 2012 in der Lokalredaktion Mainz tätig, für die Bermeitinger unter anderem über die jüngere Geschichte der Stadt Mainz schreibt. Themen sind hierbei nicht die großen historischen Linien, sondern der Alltag der Menschen, die städtebauliche, architektonische und verkehrliche Entwicklung der Stadt. Im Magazin „Unsere Geschichte" der VRM beleuchtete er in einzelnen Ausgaben unter anderem die 30er-, 50er-, 60er- und 70er-Jahre in Mainz.

In den letzten Jahren hat Bermeitinger eine umfangreiche Sammlung mit Tausenden alter Fotos und Ansichtskarten aufgebaut, die ergänzt wird durch Dokumente, die von Kofferaufklebern, Firmenbriefen und Speisekarten über Straßenbahnfahrpläne, alte Werbung und Lebensmittelkarten bis hin zu Fahrkarten und Fastnachtsprogrammen reicht. Quelle sind in aller Regel Internetauktionshäuser wie Ebay, aber auch der Johannis-Büchermarkt oder die Bücherstände beim Zitadellenfest.

Die Idee zu den Stadtspaziergängen ist über Jahre gewachsen. Der Gedanke dabei war, dass Geschichte und Geschichten nicht immer nur ereignisbezogen zu Jahrestagen erzählt werden sollten, sondern aus der Perspektive des Alltags und der Stadtviertel. Was lag also näher, als Straße für Straße durch die Stadt zu spazieren und von all den großen und kleinen Ereignisse zu erzählen, von den besten Zeiten wie auch den dunklen Jahren. Mainz kann so schön sein, aber es hat auch Ecken, die wie eine einzige Narbe wirken. Zu verstehen, warum das so ist, dabei sollen die Stadtspaziergänge helfen, die seit September 2018 mit kurzen Unterbrechungen immer montags in der AZ erscheinen.

Literaturverzeichnis (Auswahl):

Balzer, Wolfgang: Eine Stadt und ihr Militär, 1936-45

Brüchert, Hedwig: Städtische Sozialpolitik am Beispiel der Stadt Mainz 1890-1930, Wiesbaden 1994

Dumont, Franz/Scherf, Ferdinand/Schütz, Friedrich: Mainz. Die Geschichte der Stadt, Mainz 1998

Falk, Ludwig: Mainz – damals, gestern und heute, Stuttgart 1984

Heiser, Rita: Namen der Mainzer Straßen und Örtlichkeiten, Stuttgart 2008

Leiwig, Heinz: Mainz 1933-1948, Mainz 1987

Leiwig, Heinz: Bomben auf Mainz, Mainz 1995

Neise, Harald: Mainz und seine Straßenbahn, Stuttgart/Mainz 1983

Scheffler, Peter: Eisenbahnknotenpunkt Mainz/Wiesbaden, Freiburg 1988

Schumacher, Angela / Wegner, Ewald: Kulturdenkmäler in Rheinland-Pfalz, Band 2.1: Mainz Stadterweiterungen, Düsseldorf 1986

Wegner, Ewald: Kulturdenkmäler in Rheinland-Pfalz, Band 2.2: Stadt Mainz Altstadt, Düsseldorf 1988

Adressbücher: diverse Jahrgänge

Reiseführer Baedeker, Woerl, Grieben, verschiedene Jahre

Allgemeine Zeitung / Mainzer Anzeiger, verschiedene Jahrgänge

Mainzer Vierteljahreshefte für Kultur, Politik, Wirtschaft, Geschichte ab 1981

Das neue Mainz, Städtisches Presseamt: 1953 bis 1973

Mainz Magazin: 1974-1975

Unsere Geschichte, Hefte 1-6